大夏书系·教育档案

揭秘美国
最好的教师

美国
年度教师的
卓越之道
（2007—2016）

汪明帅 著

上海
著名商标 华东师范大学出版社

ECNUP 全国百佳图书出版单位

图书在版编目（CIP）数据

揭秘美国最好的教师：美国年度教师的卓越之道（2007—2016）／汪明帅著．—上海：华东师范大学出版社，2017

ISBN 978-7-5675-6102-1

Ⅰ.①揭... Ⅱ.①汪... Ⅲ.①优秀教师—教书育人—研究—美国　Ⅳ.① G451.6

中国版本图书馆 CIP 数据核字（2017）第 021334 号

大夏书系·教育档案

揭秘美国最好的教师：

美国年度教师的卓越之道（2007—2016）

著　　者	汪明帅
责任编辑	任红瑚
封面设计	百丰艺术

出版发行	华东师范大学出版社
社　　址	上海市中山北路 3663 号　邮编　200062
网　　址	www.ecnupress.com.cn
电　　话	021－60821666　行政传真　021－62572105
客服电话	021－62865537
邮购电话	021－62869887　地址　上海市中山北路 3663 号华东师范大学校内先锋路口
网　　店	http://hdsdcbs.tmall.com

印 刷 者	北京密兴印刷有限公司
开　　本	700×1000　16 开
插　　页	1
印　　张	13
字　　数	160 千字
版　　次	2017 年 4 月第一版
印　　次	2017 年 4 月第一次
印　　数	6 100
书　　号	ISBN 978-7-5675-6102-1/G·10082
定　　价	39.80 元

出 版 人	王焰

（如发现本版图书有印订质量问题，请寄回本社市场部调换或电话 021-62865537 联系）

目录

自　序：走近美国年度教师 ____001

2016 美国年度教师：贾汉娜・海斯 ____001

人物素描　成长经历造就了新任美国年度教师 ____002

教书生活　尊重学生的差异，将其作为教育的起点 ____004

　　　　　既要传授知识，也要塑造品行 ____006

　　　　　让学生成为自主的、内在驱动的学习者 ____009

　　　　　文化关联教学 ____012

　　　　　改善少数族裔教师的招募与留任 ____014

卓越之道　饱含激情 ____017

2015 美国年度教师：莎娜・皮普尔斯 ____021

人物素描　从教年限最短的美国年度教师 ____022

教书生活　转行当老师，就爱上了教书 ____024

　　　　　从爱上教书，到敬畏教学 ____026

　　　　　在合作中，不断提升教学能力 ____028

设置问题情境，让真正的学习发生 ＿＿029

培养有创新能力的学习者 ＿＿033

学校是梦开始的地方 ＿＿035

卓越之道　彰显个性 ＿＿036

2014 美国年度教师：肖恩·麦考 ＿＿039

人物素描　宽严相济的美国年度教师 ＿＿040

教书生活　在舒尔茨老师的教室里 ＿＿041

教育公平思想的萌芽与成长 ＿＿044

让学生成为批判性思考者 ＿＿046

在学生内心的黑板上写上"教育诗" ＿＿049

拥抱教育技术的革命 ＿＿052

教育变革势在必行 ＿＿054

卓越之道　不仅仅是高标准 ＿＿056

2013 美国年度教师：杰夫·夏邦诺 ＿＿059

人物素描　服务家乡的美国年度教师 ＿＿060

教书生活　为科学课正名 ＿＿062

从学生的经验出发 ＿＿063

增加科学课程的趣味性 ＿＿066

相信教师的力量 ＿＿068

卓越之道　激发学生学习兴趣 ＿＿071

2012 美国年度教师：瑞贝卡·莲·米勒沃基 ____075

人物素描　加利福尼亚州第七位美国年度教师 ____076

教书生活　成长在教师家庭，但起初并不想当教师 ____077

　　　　　响应内心的"召唤"，成为一名教师 ____078

　　　　　像孩子一样，才能更好地理解孩子 ____079

　　　　　对学生充满信心 ____080

　　　　　激发学生学习的热情 ____083

　　　　　培养学生的创造力 ____084

卓越之道　葆有希望 ____087

2011 美国年度教师：米歇尔·希勒 ____091

人物素描　毕业于普林斯顿大学的美国年度教师 ____092

教书生活　对学生积极期待 ____093

　　　　　创设良好的学习氛围 ____096

　　　　　在更宽阔的视野里探讨教师的责任 ____097

　　　　　在"普林斯顿"和"教师"之间画等号 ____098

　　　　　附：米歇尔的获奖感言 ____101

卓越之道　拥抱教育天赋 ____103

2010 美国年度教师：萨拉·布朗·韦斯林 ____107

人物素描　梦想成就美国年度教师 ____108

教书生活　每个学习者都有一个独一无二的故事 ____111

　　　　　教师只是学生的学习带头人 ____113

　　　　　学习的力量存在于学生心中 ____117

　　　　　让学生共同走向进步 ____120

卓越之道　教师专业共同体 ____122

2009 美国年度教师：安东尼·马伦 ____127

人物素描　从警察中走出来的美国年度教师 ____128

教书生活　坎坷教书路：为了那些迷途少年 ____129

　　　　　激情、专业精神、坚持不懈 ____131

　　　　　和新手教师一起成长 ____133

　　　　　附：美国《教育周报》对安东尼·马伦的专访 ____136

卓越之道　读懂学生的故事 ____140

2008 年美国年度教师：迈克尔·盖森 ____143

人物素描　薄弱学校中的美国年度教师 ____144

教书生活　从护林员改行当教师 ____146

把幽默感带进课堂 ____147

突出知识的运用 ____149

建立学习共同体 ____151

影响周围一个个具体的人 ____153

卓越之道　再加 10% ____155

2007 美国年度教师：安德莉亚·彼得森 ____159

人物素描　从音乐教师中走出来的美国年度教师 ____160

教书生活　爱生万物，当教师是命中注定 ____161

平衡教学的科学性和艺术性 ____162

课程整合的尝试 ____165

激发学生的潜能 ____167

学生学习的责任 VS 教师教学的责任 ____169

卓越之道　重视诱变事件 ____172

附　录：奥巴马政府的教师政策 ____177

自序：走近美国年度教师

　　作为教师教育研究的一名工作者，以教师为研究对象，剖析教师成长的过程，总结教师发展的经验，提炼教师进阶的举措，是我的本职工作。

　　成长是写不尽的话题，有人甚至认为这是人类最为值得书写的故事，意义非凡且工程浩大。正因为如此，近年来，我从教师成长历时性的角度，对师范生准入门槛、教师职前教育、教师入职标准、新教师适应策略以及骨干教师专业精进等议题展开研究，试图以逐个击破的方式，探寻教师成长的秘密。

　　随着研究的不断推进，好教师成为一个无法绕开的话题。不难发现，上述所有研究最终无不指向好教师，指向对好教师的真切呼唤。事实上，再怎么强调好教师的重要性都不过分。从某种意义上说，教室里有怎样的教师，就有怎样的教育；有怎样的教育，就意味着有怎样的国民。当今世界各国无一例外都将教育改革的成败系于教师，系于好教师的培养。

　　2014 年教育部《关于实施卓越教师培养计划的意见》的出台，标志着从官方层面明确以卓越教师指代好教师这一日常表达。自此，卓越教师的相关讨论与研究日益成为关注的焦点。问题在于，对于"什么是卓越教师"以及"如何成为卓越教师"这两个关键议题，研究者基于各自的角度，众说纷纭。有的称颂教师的奉献精神，有的赞扬教师的人格魅力；有的强调教师的

天赋才能，有的注重教师的学习积累；有的将培训与进修当作成为卓越教师的重要途径，有的将体验与反思看作成为卓越教师的不二法门……种种回答与视角进一步激发了我对卓越教师研究的兴趣。在此背景下，美国年度教师顺理成章地进入了我的研究视野。

美国年度教师评选是美国历史最为悠久、声望最高的全国性教师评选活动。自 1952 年杜鲁门总统开启这一评选活动至今，持续了 60 多年，成为美国中小学教师心目中的盛事。美国年度教师评选过程持续半年多，首先由学生、教师、校长和地方管理者共同推选出候选人，围绕"激发学生潜能、秉承合作共享、参与社区服务以及工作娴熟从容"这四项核心标准，经由全美最主要的教育机构代表所组成的委员会，通过学校—州—全美三个层面层层筛选，最终每年只有一名教师从 560 万教师中脱颖而出。当选的美国年度教师，会被邀请出席在白宫玫瑰园举行的隆重的颁奖典礼，并从时任总统手中接过"水晶苹果"奖杯。漫长的评选周期，苛刻的评选标准，严谨的评选程序，稀有的当选人数，隆重的表彰仪式，都使得这些万里挑一的教师代表着美国教师的最高水准，是美国人心目中当之无愧的卓越教师。

与美国年度教师相遇，让我走进了一个有关卓越教师的"大观园"，2016 年美国年度教师贾汉娜·海斯对文化在教学中的理解、融合和勾连的作用的强调，2015 年美国年度教师莎娜·皮普尔斯关于"学校是梦开始的地方"的表达，2014 年美国年度教师肖恩·麦考在学生内心的黑板上写上"教育诗"，2013 年美国年度教师杰夫·夏邦诺的科学课堂与机器人大赛，2012 年美国年度教师瑞贝卡·莲·米勒沃基关于响应教育的内心"召唤"……这些来自不同学段不同学科、有着不同的从教年限、学历有高有低的美国年度教师，他们身上有着诸多的共同点，同时又都极具魅力，卓尔不群，给我留下了极其深刻的印象。这一教师群体极大地丰富了我对卓越教师的认知，为我研究卓越教师提供了取之不竭的宝藏。

2014 年 6 月，我博士毕业，入职宁波大学教师教育学院，开始了自己

的教师生涯。教师教育研究者和教师的双重身份，让我开始重新审视美国年度教师这一卓越教师群体。自此，美国年度教师不仅是我的研究对象，也成为我的同行者、领路人。

作为研究者，很长一段时间以来，我的兴趣在于对理论的探索。对于美国年度教师这样不可多得的研究对象，我期望自己以专业的工作态度，通过严密的分析和研究，探讨他们的卓越之道。而作为一名新手教师，站在讲台上，经历了诸多入职的"震撼"，我深切地体会到教师成长的复杂性与丰富性。教师在日常教育教学实践中学习、钻研、磨砺、提升出来的实践智慧，以及相伴而生的困惑与彷徨，远非抽象的理论所能涵盖。我们的视野中已经有太多的理论总结、宏大叙事、是非判断，欠缺的反而是事实本身。这就需要深入细节，回到事实本身。故事以及对故事的反思能够帮助我们从宏大叙事的"高地"回到细节与事实的"平原"。因此，我更愿意走近这些美国年度教师，将他们当作自己的朋友，聆听他们成长的故事，关注他们成长的脉络。

双重身份以及由此带来的感受，让我在写这本书的时候，经常在研究者和教师两个角色之间游移。如何既能够呈现美国年度教师成长的复杂性与丰富性，又能够彰显美国年度教师成长的启发性与借鉴性，是摆在我面前的难题。本书最终从"人物素描""教书生活""卓越之道"这三个维度构建分析美国年度教师的框架，努力将理论旨趣与实践关怀进行有机整合。

人物素描——卓越教师的成长离不开其成长的背景环境，这些背景环境构筑了教师成长的底色。"人物素描"这个版块主要将美国年度教师的生活故事呈现出来，为后续"教书生活"的展开和"卓越之道"的提炼提供基础。以 2016 年美国年度教师贾汉娜·海斯为例，在"人物素描"中呈现其贫民窟的成长背景，与其注重文化关联教学、尊重学生差异以及改善少数族裔教师的招募与留任，就有着千丝万缕的联系。

　　教书生活——卓越教师的卓越所在，主要体现在教与学的活动中，表现为教与学活动的点滴细节。"教书生活"这个版块主要围绕美国年度教师的教与学展开，着重分析美国年度教师如何看待学生学习、如何看到教师职责、如何看待教育工作等方面的话题，从中破译教师的卓越密码。以2015年美国年度教师莎娜·皮普尔斯为例，她对教学的热爱与敬畏，对学生创新能力的重视与培养，对学校作为梦想开始的地方的强调与呵护，无不彰显着她作为卓越教师的特质。

　　卓越之道——卓越教师成长的路径有其独特性，也有其共通性和可借鉴的地方。提炼卓越教师的卓越之道，为广大教师提供参考和借镜，是研究卓越教师的基本前提，也是本研究的根本诉求。在"人物素描"和"教书生活"的基础上，"卓越之道"这个版块致力于为中小学教师朋友铺就一条迈向卓越的康庄大道。需要指出的是，考虑到美国年度教师在很多方面都有共通之处，因此这一版块遵循了如下几个原则：（1）力图扎根于美国年度教师各自的生活和教书经历之中；（2）力图彰显美国年度教师的核心品质；（3）力图做到让美国年度教师的"卓越之道"有所区分。

　　本书即以最近10年（2007—2016）美国年度教师为分析对象，从上述三个方面对美国年度教师予以全方位的透视，揭示美国年度教师卓越的秘密。

　　审视美国年度教师，以此反观中国教师，可以发现中美教师在卓越之道上，有着一些不同的路径。比如，我们尤为推崇研究型教师，希望让教师凭借做研究、写论文，为成长插上腾飞的翅膀。同时，中国教师的成长，与教师的公开课也有着十分密切的关联。而美国年度教师对每个学生的真正关注，努力让教育与社区形成联动的关系，也是中国教师在当前情况下难以做到的。不过，抛开这些不同，美国年度教师在教育教学的诸多方面，都能够给我们以感动和启迪。"他山之石，可以攻玉"，希望本书能够为广大中国教

师提供理论指导与实践关怀，助力广大教师获得"带得走的能力"。

听过这样一则故事，大意是作为一种辅音语言的希伯来文，如果没有元音标识，就发不出声音。这则关于发音的故事让我想起了我与那些我需要感谢之人之间的关系——不管这本小书呈现的是怎样的音节，都离不开诸多元音的标识。

感谢我的导师胡惠闵教授，是您手把手将我领进了教师教育研究的大门，为我开启了一个五光十色的新世界；感谢华东师范大学出版社的兄弟姐妹，三年朝夕相处的工作经历以及延续至今的缘分，让我心中注定有一份别样的情愫；感谢宁波大学教师教育学院的领导和同事，是你们见证了我从一名新手教师逐渐成长的点滴。当然，还要特别感谢美国年度教师，虽素未谋面，但通过美国年度教师网站（http://www.ccsso.org/ntoy.html）这一重要桥梁以及其他相关资料，我一步一步走近你们，与你们相识，感受着你们成长过程中的喜怒哀乐。从你们身上，我不仅汲取了研究的养分，也收获了成长的动力。

2016 年 12 月

2016 美国年度教师：贾汉娜·海斯

区　　域：康涅狄格州

任教学校：约翰·肯尼迪高中

学校类型：城市学校

学　　科：历史

学　　段：高中（9～12 年级）

教　　龄：12 年

教育箴言： 任教于一个人口多样化的市内公立学校，我遇到过许多传统教学职责之外的事情。正是在那些时刻，我不仅仅是一位教师，而且转变为导师、顾问、知己和保护者。我也知道，不是每个学生都像我当初那样渴望上大学。我告诉他们，这也没问题。学生们必须了解最好的自己，并追寻自己的梦想，即便高等教育不是他们的最佳选择。我让他们明白，成为一个企业家、木匠、理发师、管道工以及其他任何他们渴望的职业，都是完全可以接受的选择。我许诺要用我的老师们帮助我的方式，帮助我的学生们。

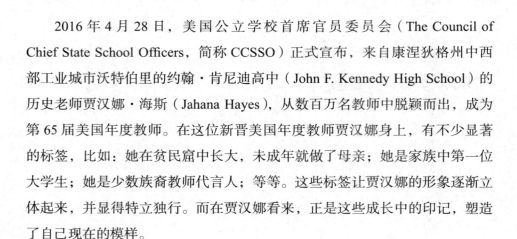

2016 年 4 月 28 日，美国公立学校首席官员委员会（The Council of Chief State School Officers，简称 CCSSO）正式宣布，来自康涅狄格州中西部工业城市沃特伯里的约翰·肯尼迪高中（John F. Kennedy High School）的历史老师贾汉娜·海斯（Jahana Hayes），从数百万名教师中脱颖而出，成为第 65 届美国年度教师。在这位新晋美国年度教师贾汉娜身上，有不少显著的标签，比如：她在贫民窟中长大，未成年就做了母亲；她是家族中第一位大学生；她是少数族裔教师代言人；等等。这些标签让贾汉娜的形象逐渐立体起来，并显得特立独行。而在贾汉娜看来，正是这些成长中的印记，塑造了自己现在的模样。

人 物 素 描

成长经历造就了新任美国年度教师

贾汉娜是肯尼迪高中的一名历史教师，有着 12 年教龄，教授美国公民权的起源与美国历史、非裔美国人历史等课程。

成长于贫民窟，获取毒品比取得学位容易得多，犯罪现象屡见不鲜。在这样的环境中长大，教育并不是人们首先考虑的事情。家长对孩子也普遍没有什么期望，人们所关心的不过是谋求一份能谋生的工作。贾汉娜这样回忆道："家中没有人接受过高等教育，他们信奉的是努力工作、辛勤劳动。家人一直是这样告诫我的，教育不是一条通向成功的路，找一份收入尚可、有福利的工作，勤勤恳恳养活自己，才是正道。"

正因为如此，在相当长的一段时间里，贾汉娜对自己成长环境之外的世界毫无觉察。幸运的是，学校生活为年幼的贾汉娜打开了一扇新的窗户，老师们点燃了贾汉娜心中的梦想火焰。老师们看到了年幼的贾汉娜身上的天分和才能，鼓励她追逐梦想，憧憬更好的人生，告诉贾汉娜有朝一日一定能够走进大学，过上与长辈不一样的生活。贾汉娜说："老师们把藏书借给我，

让我回家阅读，还和我分享他们在大学里的故事，给我呈现了一个完全不同的世界。他们激励我拥有更大的梦想，让我想象自己身处在一个不同的境遇中，守护着我内心微弱的梦想火焰。"来自教师的支持和鼓励，让贾汉娜找到了新的方向。曾经一度，贾汉娜成绩优异，进了尖子班，还积极参与学校组织的各项活动。一切都好像有了转机。

不过，当她上初中时，母亲吸毒上瘾，还失去了住所，贾汉娜不得不搬到祖母家。祖母显然对贾汉娜的教育没有多少指望。贾汉娜回忆说："学校有时会在晚上举办家长会，然而我的祖母却始终未能出席，因为我们没有可以到学校去的交通工具，而且公交车在那时也早已停运了。"家里的变故让贾汉娜深受打击，她开始自暴自弃，逐渐丧失了学习的热情，曾经的大学梦也变得飘渺起来。这种消极的境况持续了一段时间。17 岁的时候，贾汉娜怀孕了。这一事实让贾汉娜更加坚信自己的命运早已注定："我的妈妈就是在 17 岁的时候生下我，我想这就是我的命，看来我并不会过上不一样的生活。"遭遇了来自家庭变故和个人困境的双重考验，贾汉娜彻底地失去了上学的兴趣。

奥巴马总统在颁奖典礼上这样总结道："当她还是沃特伯里的一个孩子时，成为教师是她从没想过的最为遥远的事情。甚至有时候她连学生都不想当。"不过，她的老师并没有嫌弃她、放弃她，而是一如既往地鼓励她，耐心地帮助她。贾汉娜感激地说："高中时，我成了未成年妈妈，差点放弃了我的梦想。然而，我的辅导员（注：guidance counselor，类似于我们的班主任）让我意识到，如果继续学业，我仍能拥有诸多选择。"在老师的帮助下，贾汉娜顺利地从替代教育项目（alternative education program）中毕了业，并找到了一份工作。在工作的同时，她并未丧失对教育和自我提升的渴望。她最终回到了学校，成为家族中第一个大学生，还获得了教育学位。毕业后，她选择回到了成长的地方，成为一名教师，回馈这个不曾放弃她的城市。12年后，她成为了美国最好的老师。

获得美国年度教师荣誉后，贾汉娜特意撰写了一篇文章——《教育的希望对我意味着什么》（*What the Promise of Education Did for Me*），其中有这样一段话，对她的成长经历做了一个回顾：

作为一个国家，我们需要确保每一个孩子的教育质量并不依赖于他或她成长的社区。在我成长的过程中，教育在我们的家庭中从来没有被视为一条迈向成功的路径，但我的老师相信我。无论有多么困难，他们总是告诉我要想象自己正处在一种完全不同的环境下。他们激励我多些期望，多些行动，努力成为家中第一个上大学的人。他们鼓舞我成为一名教师，那样我就能对自己的学生产生同样的影响——这种影响远远超乎在课堂上传授知识。学校里的经历激励着我成为一位教师，成为我前进的动力。

如今，在自己的课堂里，贾汉娜一直努力给学生们以知识、希望、热情和信心，一如那些支持、鼓励过她的老师。肯尼迪高中的校长罗伯特·约翰斯顿说贾汉娜把她的学生视若珍宝。这是因为她记得自己当时也是他们中的一员。她知道班级里的每一个学生都有他们自己的状况，她知道这些学生或多或少都会遭遇人生困境，即便是优等生，也会不时需要一点帮助。贾汉娜在他们成长的地方遇到了他们，她看到了他们身上的快乐、痛苦，还有可能性。

教 书 生 活

尊重学生的差异，将其作为教育的起点

尊重每个学生的个体差异，包括智力特点、性格特征，以及成长环境，并将其作为教育的起点。这本属于教育常识，但问题在于，对不少教师而言，对于"为什么要尊重学生的差异"、"如何做到尊重学生的差异"等关键问题并不明晰，从而使得具体的教育实践与这一常识往往背道而驰。新晋美国年度教师，基于个人成长经历的教师做派，为我们提供了一个尊重学生差

异的范例。

特殊的成长经历，是贾汉娜远远不只是一名老师的原因，她还是协助学生解决问题的指导老师和知心朋友。"我在成绩优异、表现良好的学生身上见到了自己的影子；我在跟不上、游离的学生身上也见到了自己的影子；我还在家中有吸毒者或者家人被驱逐的学生身上见到了自己的影子。"贾汉娜说，作为一名教师，我个人的成长经历时刻提醒我一定要全面考察学生的实际情况，了解学生的文化背景、生活环境以及成长轨迹。

因为这些经历，现在作为教师的贾汉娜全心全意地支持着学生，见证着学生生活中或大或小的成绩。"因为我知道我面前学生的人生道路才刚刚开始，他们还有诸多的可能性；因为我曾经就当过最好的学生和最坏的学生。我了解自己，也了解这样的学生。"贾汉娜自己的成长经历让她深刻地意识到，教书不仅仅是课堂上的师生活动，更是一种生活方式，远远超出了工作时间的界限。对贾汉娜来说，自己的人生因教师的努力而发生改变，这段难忘的成长经历是她成为教师的重要原因，不仅塑造了她的教育观念，而且持续地影响着她的教学风格，是她成为美国年度教师的重要因素。因此，在教学的时候，贾汉娜尽力多了解学生，尊重学生的差异，跟着学生现有的水平走，而不是一味要求学生应该达到什么程度。

肯尼迪高中是一所城市学校，所在社区人口多元。在这样的学校任教，意味着会经常遭遇诸多教书以外的事情。贾汉娜说："任教于一个人口多样化的市内公立学校，我遇到过许多传统教学职责之外的事情。正是在那些时刻，我不仅仅是一位教师，而且转变为导师、顾问、知己和保护者。我也知道，不是每个学生都像我当初那样渴望上大学。我告诉他们，这也没问题。学生们必须了解最好的自己，并追寻自己的梦想，即便高等教育不是他们的最佳选择。许多学生惊讶于我并没有一直将他们向大学里推。我让他们明白，成为一个企业家、木匠、理发师、管道工以及其他任何他们渴望的职业，都是完全可以接受的选择。我许诺要用我的老师们帮助我的方式，帮助

我的学生们。"正是因为如此，贾汉娜受到了学生的爱戴。她的一位学生对她深表感激："贾汉娜老师在放学后还帮助我解决个人困惑。她看到了我身上自己都没看到的东西，这对我很有用。她总是比你看得远。她真的非常关心你。"

既要传授知识，也要塑造品行

马丁·路德·金曾说，教育的目的，除了传授知识外，还在于塑造品行。贾汉娜对此深表认同。贾汉娜告诫自己："作为一个教师，你除了要教书本的知识，还要教学生变成品行良好的人。老师有责任让学生变得更好，因为我们面对的是学生，因为我们所教导的每一代人都是未来社会的接班人。"

对贾汉娜来说，塑造学生良好品行的独门秘笈，就是引导学生参与社区服务。她希望她的学生们把视野从教室中延伸出来，在参与社区服务中认识到爱心、奉献的重要性，在帮助他人的过程中认识到服务的价值，进而塑造良好的品行。贾汉娜坦言："参与社区服务的一项额外收获，就是学生们在帮助别人时，觉得自己也更好了。结果是，他们真的在班级中表现更好了。提升课堂学业成就与培养学生的良好品行是相互关联、不可分割的。作为教师，通过塑造学生良好的品行，我无意中教会了学生如何以更适当的方式应对日常挑战。除了在课堂上对学生进行教导外，我最自豪的是我对学生课堂之外的影响，我认为这是我最大的贡献。"

这一做法，和贾汉娜最初教学过程中遇到的一次事件有关。贾汉娜说："在最初几年的教学中，我只关注教学内容，努力让学生记住我在课堂上教的知识点。有一次，我发现一个班里的一些学生，表现得非常散漫，缺乏上进心。这让我很苦恼。我有一个习惯，当我不上课的时候，我常常会在校园里走走，或者去参加一些课后学习活动、体育活动，等等。在这个过程中，你就会留意到许多课堂上不能发现的信息。"通过多方收集信息，贾汉娜了

解到这个班级中，先后有七位同学的家长因癌症而永远地离开了他们。这些学生沉浸在失去家人的痛苦之中，因而很难专注于学习。知道了学生散漫背后的真相，贾汉娜感同身受，决定自己一定要做些什么。于是，贾汉娜与美国癌症协会（American Cancer Society）取得联系，成立了一个名为"生命接力"（Relay for Life）的抗癌筹款小组，然后去教室里找到他们，邀请他们为攻克癌症所展开的研究募捐。贾汉娜说："这样做只是为了让他们知道，学校的老师们非常在乎他们，非常关心他们的健康成长。"

渐渐地，这些同学一改以往散漫的形象，变得积极主动起来。贾汉娜知道，这些品行方面积极的转变与学生在社区中所做的工作有着直接的关联。在这一过程中，作家戴安·海丁（Dianne Hedin）的著作《社区服务的力量》（*The Power of Community Service*）给了贾汉娜理论支持。书中写道："社区服务（学习）为许多学生提供了常规教育所缺失的关键联结，鼓励学生将知识学习应用到真实的人类需求中去，提供了将学到的知识在课堂之外的思考中发挥作用的机会。"贾汉娜日益确信，要塑造学生良好的品性，让他们成为更好的人，而不仅仅是更好的学生，就需要把他们当作社会的成员，让学生在服务他人的过程中成长起来。

社区服务所产生的效果让贾汉娜备受鼓舞，她开始加快社区服务的脚步。"我努力让学生知晓我们都有义务帮助他人，促进社会进步。我和我的学生为他人所做的这一切，能让更多人看到并从中受益，这是我心底由衷的期许。"

贾汉娜深知榜样的力量，知道学生需要自我反思的角色模范，需要看到榜样的示范行为。贾汉娜说道："学生应当从老师的示范中学到帮助他人、服务社区的重要性。教师应当花一些心思鼓励学生参与到社区中去。如果在校期间就养成了助人的习惯，学生将会把它们带入社会。如果学生取得高分和巨大的学术成就，却毫无帮助他人的愿望或行为，无论他有多聪明、学习排名如何、被哪所大学录取，都没有太大的意义。"于是，贾汉娜以身作则，

积极实践，投入大量的时间与精力到社区服务中来。

贾汉娜是城市前廊清洁倡议（City Wide Front Porch Clean Up Initiative）的发起人之一，并将该组织建成一个非营利性的社区服务机构，带动了许多城市社区清洁与美化项目；贾汉娜是"随处助人"俱乐部（Helping Out People Everywhere Club）的联合顾问，"随处助人"俱乐部与"仁人家园"（Habitat for Humanity）合作，将助人行为传遍全国；贾汉娜和学生一道，每年参加"为自闭症义走"和"生命接力"活动；假期中，师生一起组织一年一度的募集衣食的"抗癌义走"。

贾汉娜还以自己的成长故事来鼓励学生："因明了我的卑微经历，见到我致力于改善我们社区的品质及帮助他人，学生们也更能接纳这一理念。"贾汉娜笑着说："社区里的人常常问我，为何能让这么多年轻人志愿从事社区服务，我的答案总是不变的——我邀请他们来的。"在贾汉娜的示范下，学生们逐渐明白，无论他们的处境多么窘迫，总有帮助他人的机会。学生们也在帮助别人中获得了自豪感。对此，贾汉娜深感欣慰："他们的潜能被激发了。我看到那些曾经缺乏自信、没有动力的学生，曾经觉得自己一无是处的学生，现在成了项目的领袖人物。他们开始不断要求自己做得更好。"

社区服务项目是由贾汉娜发起的，但帮助他人的意愿却像火焰一样蔓延开来。贾汉娜乐见其成："最初，我鼓励学生们参与，但逐渐地，他们就自己寻找机会并且鼓励朋友参与进来了。去年，当我为学生注册'生命接力'时，惊讶地见到从前的学生领导的 14 个团队，仍在继续为治愈癌症的筹款活动服务。"贾汉娜鼓励学生参与到各种各样的社区服务项目中来，虽然从未指望社区服务会成为自己工作中如此显著的一部分，但是看到学生全心投入到社区服务中，贾汉娜的满足感是无与伦比的："通过服务社区，学生们得以展现个人的成长，并反过来影响了成人的行为。这对我来说已经变得非常有意义，因为我觉得毕业生表现出尊重、责任感、诚信、正直，跟娴熟地掌握学习内容一样至关重要。"

肯尼迪高中的校长罗伯特·约翰斯顿对贾汉娜通过社区服务塑造学生品行的做法十分赞许："贾汉娜最大的贡献，或许是服务学习，她为提升肯尼迪高中学生的公民意识、促进其社区服务做出了不懈的努力。无论是在集会、'生命接力'还是'城市前廊清洁项目'中，常常可以在学生中见到贾汉娜的身影。贾汉娜十分热衷于为社区服务，而这种热忱无疑传递给了她的每一位学生。"

在当选为康涅狄格州年度教师之后，贾汉娜意识到这是一个需要跟其他人分享的信息。于是，贾汉娜向公众呼吁道："我所在的学区并没有服务学习的要求，因此我所做的大部分工作是个人的行为，主要针对我们学校的学生。我正在开发一门服务学习的课程，这门课将教给学生为社区提供帮助的益处，以及从事社区服务的各种方式。我坚信，学生定会从助人行为中获得满足感，并加深对人与人之间共生关系的理解。我坚信，整个国家都会见证我所珍视的东西——服务大众的理念，以及营造一个更好的社会环境。我希望每所学校、每个年级的每个孩子都参与到社区服务中去。"

让学生成为自主的、内在驱动的学习者

在联合国教科文组织编写的《学会生存——教育世界的今天和明天》一书中，有一段话可谓家喻户晓[1]：

教师的职责现在已越来越少地表现为传递现成的结论，而越来越多地表现在激励学生思考上；除了他的正式职能以外，他将越来越成为一位顾问，一位交换意见的参与者，一位帮助发现矛盾论点而不是拿出现成真理的人。

这段话明确指出学生自主学习的重要性。教育要想长久地作用于人的心

---

① 联合国教科文组织国际教育发展委员会.学会生存——教育世界的今天和明天 [M].北京：教育科学出版社，2000：108.

灵，就必须引导学生独立思考，自省自悟，使学生同时体味到学习、求知、成长的艰辛与快乐。

这一点在贾汉娜的课堂上也得到了充分的展现。尊重学生的差异，在传授知识的同时塑造学生的品行，落脚点都在于让学生成为自主的、内在驱动的学习者。贾汉娜说："教学中，我们经常遇到以被动姿态学习的学生，他们只为了取得高分而熟练记诵。其他时候，他们虽日复一日来上学，但日益沮丧，因为感到自己永远也学不好。"自己的成长经历和多年的教学经验让贾汉娜深刻地认识到，最出色的教师是那些能够启发、激励学生想要学习的人。教师可以熟稔教学内容甚至开发动态课程，然而，如若学生不感兴趣或没有学习的意愿，真正的学习就不可能发生。作为教师，要鼓励学生自主思考，不断探索，由此获得的知识，记忆会更加深刻，更易于形成"带得走的能力"。

对于如何让学生成为自主的、内在驱动的学习者，相较于家庭的影响，贾汉娜更加注重教师的力量："在有些情况下，我们不能完全指望学生的家长和家人是学生学习的动力源泉。因此，作为教师，我总是努力保持热情，并表现出对学生学业成就的真切关心，我希望通过自己的举动感染学生，让学生体会到学习本身的乐趣。"

在年度教师颁奖典礼上，贾汉娜再次强调了这一点：

和每一位教师一样，我也是从学生走过来的。我明白拥有梦想却生活在毫无希望的环境中，学校里也没有给予任何举措来滋养、支持自己的梦想，这是怎样的感受；我明白竭力寻找阳光却因现实障碍而不断受挫，这是怎样的感受。我把自己视作这些学生中的一员，我记着自己的经历，并将此作为提醒：作为教师，我必须做得更好。

为了发挥自己作为教师的力量，贾汉娜尤为注重师生关系的建设，并尽可能从具体学生的实际情况出发。这种对于学生差异的包容与理解，有助于

贾汉娜与学生建立起良好的关系，进而鼓励学生达成目标。贾汉娜说："影响教育与社会的关键要素之一，就是对他人的共情与理解。如果我们能让学生认识到自己很重要，认识到每一个人都很重要，让他们参与对话，帮助他们形成对多样化的理解，他们以后在社会上面临的许多挑战就将得到改善。当知道老师希望他们成功，又理解他们所面临的困难时，学生们也会表现得更好。"沃特伯里公立学校主管凯瑟琳·奥莱特博士对贾汉娜关于师生关系建设的行为赞不绝口："不少教师在撰写教案、收集信息以及分析数据等方面都能做得很好，不过，他们在做这些事情的同时，却很难将其和学生的实际情况联系起来，因而往往很难对学生产生实际的影响。正是在这个意义上，贾汉娜表现得出类拔萃。"

贾汉娜还十分注意帮助学生探索有效的学习方法。她说："我不断尝试让学生采用建构主义的方式，提问以及用不同的方式应用学到的知识。我的目标是让学生成为自主的、内在驱动的学习者，少关注分数，多关注深层知识的习得、深层理解的达成。"在贾汉娜的影响下，学生们开始为了学习而学习。学生们逐渐意识到，只要他们表现出自己的最佳水平，那就足够了。更重要的是，学生们知道，在学习旅程中，贾汉娜老师会在旁边陪着他们，帮助他们。

在得知贾汉娜老师获得 2016 年美国年度教师称号后，许多家长纷纷表示祝贺，他们一致认为贾汉娜老师能获得这样的荣誉是实至名归，他们指出贾汉娜老师最大的成就是通过自己的努力改变了许多孩子的人生，而这是任何荣誉不能与之相提并论的。家长代表文森特·沙夫这样说道：

作为肯尼迪高中一名学生的家长，我见证着我的儿子在学校里的成长。我知道，这种成长的一个重要原因就是贾汉娜。如果你们认识她，就会知道贾汉娜对待所有学生都是这样，不仅是对我的儿子，也不仅是对中学学习技巧提升项目的学生。贾汉娜是一个光芒四射的教育者，关心学生、精通教

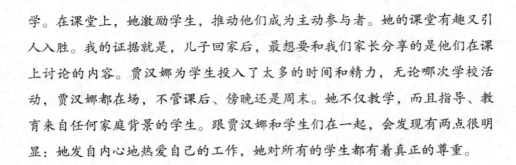

学。在课堂上，她激励学生，推动他们成为主动参与者。她的课堂有趣又引人入胜。我的证据就是，儿子回家后，最想要和我们家长分享的是他们在课上讨论的内容。贾汉娜为学生投入了太多的时间和精力，无论哪次学校活动，贾汉娜都在场，不管课后、傍晚还是周末。她不仅教学，而且指导、教育来自任何家庭背景的学生。跟贾汉娜和学生们在一起，会发现有两点很明显：她发自内心地热爱自己的工作，她对所有的学生都有着真正的尊重。

文化关联教学

在贾汉娜的教育词典里，有一个坚定而持久的教育信念：所有的学生都能学好，所有的学生也都有权利得到高质量的教育。这就意味着学生所得到的教育应契合他们的真实需求，能提供给他们独特的学习体验。

贾汉娜之所以一直秉承这样的教育信念，与她的成长经历密不可分。如前所述，贾汉娜在一个贫民窟长大，在这里，没有人指望孩子在学习上能有所成就，她的家人也是如此。贾汉娜说："成长在这样的环境中，会不断消解人的斗志。我亲身体验到了这些低期望的后果，我的很多朋友并没能像我一样得到积极的学校生活体验。"幸运的是，学校生活为幼年的贾汉娜打开了一扇新的窗户。这让贾汉娜在很小的时候就意识到，尽管社会上有诸多不平等，但为学生能够顺利完成学业提供必备的条件仍是这个社会的基本职责。在老师的鼓励和支持下，贾汉娜逐渐摆脱了成长环境的桎梏，激发出向上的斗志。

教师的作用至关重要！不过，贾汉娜也坦言，并非所有的教师都能产生同样的效果，只有那些能够真正了解学生、设身处地站在学生的立场、发自内心热爱学生的教师，才能够成为学生成长过程中的"重要他人"。

贾汉娜是一位黑人，在贫民窟中长大。在求学阶段，贾汉娜遇到过一些少数族裔教师，这种相遇给她带来了积极的体验，也极大地影响了她对教师的认知。她说：

　　我的多数老师住在其他社区，经历跟我迥异。我的许多老师是第二代或第三代的教育者，一直就知道自己将会当教师。他们学识渊博，教学技巧娴熟，但我在他们身上看不到自己的境遇。这样说，并不意味着只有与我文化相关的教育者才能更好地理解我的生活，或是少数族裔教师会有类似的经历；而是说，作为孩童，会很乐意见到一位跟我相似、有着共同文化背景的老师。学生需要不断听到老师们表明他们拥有宽容的立场。我仍记得那些来自与我有着类似经历的少数族裔教师的鼓励和支持，至今仍心存感激。结果是，我带着对教育的热忱，来到我家乡的学校，从事这个职业。我完全理解，许多学生带着解决成人问题的挣扎来上学，老师们必须先解决这些问题，才能开始教课。

　　1994 年，格罗瑞亚·雷得森 - 比林斯（Gloria Ladson-Billings）创造了一个概念——文化关联教学（culturally relevant teaching），用以描述"基于文化传授知识、技能与态度的教育学"。简而言之，"文化关联教学"就是突出文化在教学中的理解、融合和勾连的作用。这一概念，让文化理解、文化融合等概念和教师教学联系在一起，引起了一场有关教学的革命。

　　基于自身的成长经历和教书生活，贾汉娜对"文化关联教学"这一理念深表赞同。她说："我记得早在 1994 年之前，在我读书的课堂上，就有践行文化关联教学的老师了。他们将我的遭遇用作我学习的工具、成长的机会，而不是笼罩我日常生活的障碍的消极提醒。在这些教师的影响下，作为教师，我也学会了要尽量从学生实际情况出发，通过亲身体验或者调研等多种方式，了解学生的真实状态，进而找到与学生相处的方式。"

　　对"文化关联教学"这一理念的认同，让贾汉娜一直在关注该领域的进展。在年度教师申请书中，贾汉娜对新近的研究做了一番梳理后指出，《教育经济评论》（Economics of Education Review）最近发表的一项研究表明，黑人、白人与亚裔学生均从被指派给他们且与他们相似的教师中受益。学生

受教于和自己种族相同的老师，经过一段时间之后，学习成绩有了明显的提升。

自身经历迫使贾汉娜持续不断地思考教书的意义，也塑造了贾汉娜对教学的理解。贾汉娜诚恳地说："这些经历也正是我尽力关注学生不同的文化背景与见解的原因。教育者必须包容所有的学生，寻找让学生接触各色文化的素材与资源。学生必须参与到学习中来，感受到在接受教育的所有对话中，他们都是被接纳的、有所体现的。文化多样性是课堂中最丰富的资源之一。如果期望学生们在真实世界中表现出接纳的行为，他们必须在课堂环境下就学会接纳这些差异。"

她坚信，教师与学生之间的融洽相处，才是教育的关键所在，也是教师专业性的体现。贾汉娜告诉记者："我优先建立个人联系，与学生建立信任关系。我用幽默来吸引他们，幽默总能给我的课程赋予个人特色。作为历史教师，我确保涵盖了文化关联课程，以及跟所有学生相关的例子。与学生建立联系，我认为这是最重要的事情，因为学生不会向他们不喜欢的人学习。"

贾汉娜的学生也都知道贾汉娜的故事，他们知道她同样来自被他们称作"家"的那个地方，共同的成长环境为师生之间建立了强大的信任纽带。"我告诉他们，你现在住的那幢楼就是我长大成人的地方。"贾汉娜说。家长代表文森特·沙夫对此深表认同："或许最重要的一点是，贾汉娜生长在我们的城市，而且留在了沃特伯里。有着她这样经历与天赋的专业人士，可以轻松地离开我们的城市，谋一份收入更高的职位。我相信，她在本地的成长经历，是她能够如此真诚地与学生交流的一大原因。"

改善少数族裔教师的招募与留任

对文化关联教学的高度重视，让贾汉娜没有止步于从教育的层面思考文化关联教学的重要性，她还对招募更多少数族裔教师并设法留住他们这一问题，有了更多的关注。

在我国，近年来，乡村教师与乡土社会的疏离已成为一个普遍存在的严峻事实。乡土文化素养先天不足与后天匮乏，使得乡村教师逐渐失去了与乡土社会文化的内在关联，乡村教师的生活也逐渐从乡村社区的大交流圈转向仅限于学校教学及城市业余生活的小天地，应有的乡村观念和情感也随之淡漠。教师对于乡土文化的认同感不强，他们的教育教学也在一定程度上远离了乡村的文化土壤，以至于在教学活动中使学生对乡村基本特质和概念的理解变得模糊，他们甚至在孩子心中植入乡村是落后的代名词之类的观念，用"离开穷乡僻壤"鼓励学生，加剧了乡村少年与乡土的疏离。

梁漱溟先生关于"解决乡村教师与地方社区之间的疏离"的建议认为，必须从根本上通过村学乡学这种以血缘关系为基础的社会组织代替以个人为基础的机械组织，教师与村民生活融合在一起，赢得村民的信任。这一建议能够给构建一支稳定的乡村教师队伍提供启示——发挥本土教师的力量。本乡本土的人担任乡村学校教师，具有熟悉乡村学校生活、较少文化和生活环境上的不适应、能够快速投入教学工作等优势；同时，本土教师的家多在本村、本乡，能较好解决教师的食宿问题。可以说，本乡本土的教师执教于乡村学校更易于为乡村学校提供稳定的师资。这一关于师资配置的思路，与贾汉娜关注"改善少数族裔教师的招募与留任"不谋而合。

基于对文化关联教学的认可，贾汉娜尤为关注师生文化关联的重要性。贾汉娜感慨地说："很难解释身处一所教师与你的文化或传统毫不相关的学校的孤立感。"因此，贾汉娜极力主张，学区必须有意识地改善少数族裔教师的招募与留任，尽力组建更为多样化的教师队伍。为此，贾汉娜向教育行政部门呼吁："（教育）虽然应当以学生为中心，但也不能忽视招聘、支持与留任在文化上胜任且具有多样性的教育者。教师、管理者与教职工对学生的成功起着关键作用。这或许不是教育中最紧迫的事项，但在我看来确实真切存在且十分重要。"

为了改善所在学区少数族裔教师的招募与留任，增加少数族裔尤其是

黑人和拉丁裔教师的数量，促进教师队伍多样化建设，贾汉娜曾极力促成了一个设法改善少数族裔教师的招募与留任情况的项目，并对规划项目所需的2.5万美元做了担保。该项目试图通过开设课程、开展俱乐部活动及社区合作，增加学生接触教育职业的机会，为他们从事教育职业提供一系列必要的支持。此外，该项目还展开了旨在增加本地学院与大学现有的双学分选择的讨论。显然，这项工作将会提高教育职业地位，向学生展示选择该职业的重要意义。

随着该项目的不断开展，其所带来的成效开始显现，州教育部门也追加了5万美元的经费，当地教育委员会和社区合作方也已允诺协助促进项目进一步开展。

贾汉娜说："我为这项寻求改善少数族裔教师招募与留任的项目感到格外骄傲！它通过开发课程与开展活动，支持更加多样化的师资队伍建设。进入教育职业的渴望，与学生在教育体系中的经历密切相关。教师必须找到改善少数族裔学生课堂体验的方式，通过树立让他们为之自豪的榜样，鼓励他们考虑从事教育职业。少数族裔学生与教育者之间存在的联系，是无法复制的。学生们需要能体现他们自身的榜样，学校必须采取更多举措来确保这一目标的实现。白人学生也需要在课堂中见到少数族裔的积极榜样，他们也能从这些互动中受益，并作出反馈，这也是消除刻板印象、迈向进步与宽容的途径。类似的项目可以移植或复制到任何背景中去，例如郊区或乡村学校也可以此帮助学生增加对教师的认同，这是一种解决社会问题的方式，目标是向教育大军中输送更合格的专业人士，填补少数族裔教师聘任的缺失。当学生感受到赞许和接纳时，他们的在校表现往往也会更好。"

在年度教师颁奖礼上，贾汉娜还通过这样一个平台，面向全美呼吁改善少数族裔教师的招募与留任：

我们正处在一个紧要关口，许多州正面临着吸引、留任教师的挑战，尤

其是少数族裔教师。在有关这一职业的谈论中，我们必须占据主导。教学关乎特殊时刻，正如今天这样的美好时刻，也正如多年来我跟学生们共度的许多妙不可言的时刻。这样的时刻不会产生隔阂，我会让这一年①围绕着把课堂带进社区、将社区带入课堂而展开。创造美好时刻，展开一场全国性讨论，讨论我们所有人如何能更好地帮助孩子成长。这不仅关乎我班级里的学生、你们班级里的学生，而且关乎每一个关注我们的孩子、我们的未来、我们的世界的人。

作为教师代言人，我将会抓住机会表达教学作为一项职业的益处，希望鼓励更多人成为教育者。我们必须赞美教学这一神圣的工作，鼓励学生在大学阶段选择以教育教学为职的专业。教育者需要通过各种途径让更多的年轻人知晓、了解教书育人这一职业。

肯尼迪高中校长约翰斯顿给予贾汉娜高度的赞扬："贾汉娜是一位卓越的教师，她能够深刻把握学生的不同背景与能力水平。她是一位反思性实践者、一位完美的专业人士，极为认真地承担着教授所有学生的责任。她为学生设定高期望，随后提供必需的教学与支持，令这些学生努力达成目标。说到敬业与奉献，着实没有比贾汉娜·海斯更好的榜样了。正是这些原因，贾汉娜被她的同伴们选为肯尼迪高中年度教师。她不仅是学生们的老师，而且是顾问、导师与咨询师。她是学生信任、钦敬的人，无论学生在校时还是毕业后。"

卓 越 之 道

饱含激情

透视贾汉娜的卓越之道，有诸多方面值得挖掘。其中，贾汉娜对教育由衷的热爱，对工作的激情，给人留下了深刻的印象。她的学生埃里卡·瓦

---

① 获得美国年度教师这一殊荣之后，教师接下来一年将从课堂中走出来，从事各种教育推广活动。

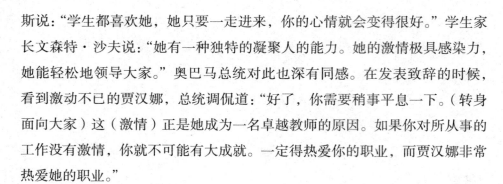

斯说："学生都喜欢她，她只要一走进来，你的心情就会变得很好。"学生家长文森特·沙夫说："她有一种独特的凝聚人的能力。她的激情极具感染力，她能轻松地领导大家。"奥巴马总统对此也深有同感。在发表致辞的时候，看到激动不已的贾汉娜，总统调侃道："好了，你需要稍事平息一下。（转身面向大家）这（激情）正是她成为一名卓越教师的原因。如果你对所从事的工作没有激情，你就不可能有大成就。一定得热爱你的职业，而贾汉娜非常热爱她的职业。"

贾汉娜本人也认为激情是其开展教育的要义，她说："我必须把每一次相遇当作为孩子创造一次美好回忆的机会而紧紧抓住。我清晰地记得，为了创造那些美好的回忆，我的老师鼓励我挑战自我的那些瞬间。我也清晰地记得，我们社区里鼓励我回馈他人的成年人。教育的意义正在于此，激情、承诺、喜悦、故事。"显而易见，这些来自学生、学生家长、总统以及贾汉娜本人的评价，都指向了同一个关键词——激情。

教师的教学以及教师的生活是否需要有激情，在很多教师那里几乎还算不上一个问题，因为似乎有很多问题比激情更为紧要。不过，越来越多的研究显示，激情是一个卓越教师的重要特征。一个教师是否卓越，一个很重要的表现在于他是否发自内心地热爱自己的工作，而发自内心地热爱自己的工作，就会在工作中表现出激情的一面。有研究从大量的教育自传中得出好教师的两个基本特征，其一就是"有激情"。[1]

罗伯特·弗莱德（Robert L. Fried）在其著作《做个充满激情的教师》中（*The Passionate Teacher*）也明确表示，教师能否取得工作和生活的双重成功，在很大程度上取决于教师心中是否充满激情。充满激情的教师能够巧妙地在应试教育与素质教育之间取得平衡，把激情转化为提升教学水平的驱动力，促进自身的专业成长，从而使自己的工作更高效，让自己的生活更

---

[1] 刘良华．教育自传中的个人知识：关于"好教师"的调查研究 [J]. 北京大学教育评论，2008(1).

精彩。① 有激情的教师究竟意味着什么？对于这一问题，我们不妨从美国年度老师贾汉娜身上寻找答案。

教师的激情基于对整个教育工作的热爱。检视贾汉娜的教书生活，一个重要方面在于她对教育工作的热爱。她精力充沛、极具天分、充满激情，对教师工作抱有厚望，对学生的成长与发展充满期望。为了激发学生学习的状态，贾汉娜每天都斗志昂扬。一位与贾汉娜合作多年的同事说："在为学生提供与生活关联的学习机会上，她简直是个发电机。"进一步分析可以发现，无论身处什么样的境况，她都始终保持自主、自信的个性品质，都对教育工作有着强烈的情感认同。反观有关教师职业倦怠的研究可以发现，缺少对教育事业的热爱、对工作丧失认同感，是教师职业倦怠的主要原因之一。

教师的激情直接地显示为强大的感染力，可以让学生沉浸其中，有利于提高教学效果；反之，如果没有激情，教师总是以一副冷冰冰、干巴巴的面孔出现在学生面前，很难想象教育教学工作会产生良好的效果。参观过贾汉娜的课堂的人都知道，贾汉娜爽朗的笑声和灿烂的笑容，充满温度，让学生如沐春风，甚至有治愈的功效。正如肯尼迪高中校长罗伯特·约翰斯顿所言："贾汉娜·海斯是一位模范教师，年复一年地感染着学生。"

教师的激情就是要点燃学生的情绪，照亮学生的心灵。一个富有激情的教师，只要一想起自己的学生，一拿起课本，一走进教室，就会全身心地投入，甚至达到忘我的境地，从而爆发出无穷的力量和巨大的创造性，给学生们以美不胜收的艺术享受，从而激起学生们浓厚的学习兴趣和强烈的求知欲。换言之，激情背后是对学生的关爱，是想帮助更多的人，是充满动力地去帮助每一个人追求理想。对贾汉娜总是习惯于用激情感染学生的状态，康涅狄格州教育部专员戴安娜·温策尔赞不绝口："她点燃学生对学习的热爱，培养他们的自信。……毫无疑问，贾汉娜将会让其他人相信教师具有通过教育改变世界的力量。"

---

① Robert L. Fried. 做个充满激情的教师 [M]. 张乃东，译. 北京：中国轻工业出版社，2009.

2015 美国年度教师：莎娜·皮普尔斯

区　　域：德克萨斯州

任教学校：帕罗·杜洛高中

学校类型：城市学校

学　　科：英语

学　　段：高中（11 年级）

教　　龄：5 年

教育箴言：作为年度教师，我代表了那些兢兢业业于本职工作的人：愿意为了孩子付出一切；放学之后还在学校待上几个小时；为了帮助孩子而把陪伴家人的时间挤出来；参与孩子的游戏，或者与他们一起看演出，听音乐会。对很多孩子来说，老师是唯一为他们着想的人。我非常自豪能代表那些全身心投入到教育工作中的人们！教育是最重要的工作。

　　2015 年 4 月 27 日，美国公立学校首席官员委员会正式宣布，来自德克萨斯州北部城市阿马里洛的帕罗·杜洛高中（Palo Duro High School）的

英语教师莎娜·皮普尔斯（Shanna PeePles），从700万教育工作者中脱颖而出，荣膺第64届美国年度教师，成为新任美国教师代言人。4月29日，在白宫玫瑰园，莎娜·皮普尔斯从时任总统奥巴马手中接过"水晶苹果"奖杯。

人 物 素 描

从教年限最短的美国年度教师

现年50岁的莎娜·皮普尔斯是帕罗·杜洛高中的一名11年级英语 III（English III）和大学先修课英语（AP English）老师。莎娜老师所任教的帕罗·杜洛高中，位于德克萨斯州北部城市阿马里洛。阿马里洛难民人口众多，高居全美之首，帕罗·杜洛高中的学生也有不少难民，有着各自不同的文化背景。正如校长桑迪·威特洛所言，学校教师面临的最大挑战是努力满足多元学生的教育和社会—情感需求。

莎娜就有许多难民学生，来自缅甸、索马里、埃塞俄比亚、伊拉克、古巴等地方。对莎娜来说，很多学生都面临着各种困境，大约有85%的学生被认为是经济困难者，大部分孩子是来自伊拉克和索马里等地区的难民，还有不少学生遭遇过伤害和暴力，承受着超出一个孩子应该承受的压力。奥巴马总统也这样说道："她的许多学生面临着巨大的压力，有的压力甚至能够压垮成年人，更不用说他们还是孩子。"诸多问题有时候也让学校无能为力，但是莎娜的教室为他们提供了一个安全的港湾。

在莎娜的教室里，这些学生得到了保护和信任；莎娜还为他们制定了较高的目标，并对他们能够实现目标深信不疑。莎娜经常用《奇幻森林历险记》（Hansel and Gretel）这个故事作为一学年的结语。莎娜说，这是一则关于我们怎样成为我们自己的英雄的故事——找到走出丛林的道路。莎娜的学生，有的已经步入常春藤盟校，有的拿到了丰厚的奖学金。但最重要的

是，莎娜的许多学生都已经找到了走出各自人生丛林的道路，步入了崭新的生活。

莎娜执教的科目是英语，自从五年前来到帕罗·杜洛高中任教起，她的学生学习英语的热情有了极大的提高，学校里参加大学先修课英语 III 考试的学生人数就翻了倍。2015 年，30 名学生参加难度更大的大学先修课英语 IV 考试，而在莎娜到来之前，这个数字为零。

莎娜是近十多年来美国年度教师中从教年限最短的一位。历年美国年度教师获得者，大抵要从教十几年，但莎娜比较特殊，她 2010 年才开始担任教职，执教不到五年就获得了美国年度教师的称号。另外，莎娜也是自1952 年首次启动美国年度教师评选以来，第二位来自德克萨斯州的获奖者，而第一位来自德克萨斯州的获奖者要追溯到 1957 年。

莎娜的卓越表现为其赢得了来自各方的赞誉。阿马里洛私立学校学区执事罗得·施罗德表示："莎娜以及像她那样无私为学生付出的老师，并不是都能在国家层面被注意到，所以莎娜以及像她这样的老师因为在教室里的奉献而受到表彰，这让我非常开心。我非常荣幸向全国推荐我们的老师——莎娜·皮普尔斯。"

德克萨斯州教育理事长迈克尔·威廉说："莎娜·皮普尔斯为她的课堂带来了知识、精力和热情，而这三者的结合使她的学生们受益匪浅。"

发起美国年度教师计划的公立学校首席官员委员会的执行董事克里斯·明尼克说："委员会为能以美国年度教师计划的方式对在全国范围内表现卓越的教师予以表彰而深感骄傲……显而易见，莎娜之所以被选为 2015年美国年度教师，是因为她对教育事业的奉献是全方位的，不管是她为帮助班里的每位孩子而付出的无数个时辰，还是她指导本学区的其他同仁而投入的时间。我期待莎娜的事迹能鼓励人们就如何改善教育而展开对话，就像她分享自己帮助学生和老师的经验一样。"

而在奥巴马总统看来，除了在教室里的全方位的奉献外，莎娜的影响已经超越了她的教室："莎娜·皮普尔斯的影响已经超越了她的教室。她为难民家庭能够在线学习录制了课程，她的大学先修课的学生走上阿马里洛街头，参加公共健康运动，做有关健康的益处的社会科学研究。作为学校的教学督导和学区的阅读素养培训师，莎娜·皮普尔斯还帮助其他教师学习怎样更好地阅读和写作。"奥巴马总统对莎娜的评价可谓一语中的。纵观莎娜的教书生活，从她的发展历程、课堂教学、教师合作以及对学生的影响等诸多方面，都明显地烙上了"超越"的烙印。

教 书 生 活

转行当老师，就爱上了教书

莎娜的影响"超越了教室"，她迈向白宫的路也走得不同寻常。

在成为教师之前，莎娜涉猎过诸多行业，曾是一位电台音乐节目主持人，做过医务助理，当过《阿马里洛环球新闻报》（*Amarillo Globe-News*）的教育记者，还当过专业的宠物保姆。后来，她来到教育行业，成为孩子们的老师。这些不同的工作经历，让莎娜有更多的经验对自己的职业做出更为合理的选择。莎娜说，做教育记者的时候，我经常跑学校，在学校里停留的时间越多，我就越想待在教室里。

对自己的教书经历，莎娜总结道："和平卫队（Peace Corps）曾打出这样的广告语——这是你所爱的最艰难的工作（It's the toughest job you'll ever love）！这句话用来形容我和教学的关系也是最贴切不过的。是神圣的教育事业选择了我，让我认识到什么是自己想要坚持做下去的，那就是帮助年轻人发现文字背后的力量与快乐，虽然我曾经尽我所能回避教学对我的召唤。"

成为教师之后，莎娜就深深地爱上了教书。在美国年度教师申报资料中，她这样写道："我清楚地知道，我肯定会疯狂地爱上教学工作，就像我们深爱着所有触动我们心弦的事情一样。如果失去这些东西，我就会伤心欲

绝。我曾经收到一封关于我学生去世消息的信，那一瞬间我非常难受。曾经一个阳光活泼的男孩如今却只留下黑白照片里阴沉的脸。"

莎娜将所有的热情和毕生所学都献给了她的学生，希望每个学生都能有所成就。她在圣诞假期为学生申请成为盖茨千年学者提供帮助；她花整个夏天协助难民学生写贫困证明；她耐心地鼓励那些学习困难的学生完成他们的学业，从而实现他们顺利毕业的梦想。同时，学生取得的每一点进步都会让她由衷地感到喜悦，并更加坚信教育的力量。莎娜说："当看到下列这些情境的时候，我都会由衷地感到骄傲和自豪：婷是来自缅甸的难民，她曾经向我描述过当她还是个刚学会走路的孩子时就被送到了难民营的经历，现在她历经千辛万苦终于取得学位证书；维特，克服了社会焦虑症，考上了哈佛，现在正穿着哈佛的 T 恤给高中生作演讲；还有凯拉，她的童年过得战战兢兢，曾经对兴奋剂上瘾，而现在她获得盖茨的百万奖学金，这笔奖学金可以支持她在俄克拉荷马大学的生活，另外她还得到了肯塔基大学公共健康类奖学金。"现于哈佛大学读大三、研究神经生物学的维特对莎娜的帮助心存感激："我知道德克萨斯州和全美国有很多非常优秀、无私奉献的老师，但我觉得莎娜老师更特别，因为如果没有她的帮助，我不可能到哈佛大学读书，而且还获得奖学金。"

发表获奖感言时，莎娜这样说道：

我相信，作为年度教师，我代表了那些兢兢业业于本职工作的人——愿意为了孩子付出一切；放学之后还在学校待上几个小时；为了帮助孩子而把陪伴家人的时间挤出来；参与孩子的游戏，或者与他们一起看演出，听音乐会。对很多孩子来说，老师是唯一为他们着想的人。……对我来说，获得年度教师的荣誉是一种让我不断思考教师为孩子们做了些什么的途径。我非常自豪能代表那些全身心投入到教育工作中的人们！教育是最重要的工作。

从爱上教书，到敬畏教学

多重职业经历，让莎娜爱上了教书，并坚定了从教的决心；而对教学的敬畏以及随之而来的全情投入，则与其对自身成长过程尤其是童年经历的反思有关。莎娜说："我对教学的敬畏源于我痛苦的童年经历。在我遭遇各种困难的时候，有一位老师把书本带到我的面前，并鼓励我尝试写作。这让我认识到在充斥着暴力的家庭之外有一个新世界。这就是贝尔顿老师。她是我人生中唯一一位非裔美籍老师。当我要崩溃的时候，当我想退缩的时候，当我打算放弃的时候，她教会了我用写作去克服这一切。她告诉我读书和写作可以为我创造别样的生活。"贝尔顿老师的教诲为莎娜打开了一扇新的窗户。对莎娜来说，写作和书籍意味着解脱，意味着慰藉，意味着源源不断的灵感源泉，意味着难捱的时候坚持下去的理由。从教以后，莎娜就暗暗告诉自己："作为一名老师，我必须肩负起自己的责任，和学生一起面对困难和黑暗。"

为了找到与学生一起面对困难和黑暗的门径，莎娜博览群书，从中寻找智慧。在帕克·帕尔默（Parker Palmer）[①]那里，莎娜学到了"如何通过反思自己来反观我们的学生"这一道理。她说："这就意味着，当我看到某个学生在上课时趴在桌上睡觉，就应该想到他昨天晚上可能因为父母吵架而没睡好；又或者，当一个女学生没有按时完成作业，那么作为她的老师，就应该想到她在没有电灯照明的情况下完成家庭作业的艰难。"

受惠于露西尔·克利夫顿（Lucille Clifton）[②]的启迪，莎娜时刻提醒自己，即使你不知道学生为了什么而奋斗，那么也应该切记露西尔的那句话：

---

① 帕克·帕尔默，美国加州大学伯克利分校博士，美国高等教育协会高级理事，一位备受尊敬的作家和教师。他的著作《教学勇气：漫步教师心灵》中译本由华东师范大学出版社出版。
② 露西尔·克利夫顿（1936—2010），美国当代著名诗人、剧作家，曾两次获普利策奖提名。她对20世纪美国黑人和妇女的生活以及他们屈辱的历史都进行了入木三分的刻画和描述。

"每一双注视着你的眼睛，都可能经历过许多你无法承受的苦难。"

从自己的成长经历反观学生，与学生一起面对困难和黑暗，也逐渐形塑了莎娜如今的教师模样。莎娜说："我的那些遭受严重创伤的学生们，已经深深地影响了我，塑造了现在的我。"

学生也"教会"了莎娜：承诺是神圣的，不能兑现的话，就绝不要随口说出，因为有太多孩子已经学会了用怀疑的眼睛看待这个世界。也正因为如此，莎娜通过自己不懈的努力，以各种方式帮助那些处于极端贫困中以及在生活中遭遇了重大挑战的学生。从贝尔顿老师那里得到灵感，莎娜用阅读和写作的方式帮助学生走出糟糕的境地。莎娜感慨地说："作为他们的教师，我不得不深入了解学生，并做出有针对性的指导。我做到了，所以我能够获得他们的信任，并帮助他们提高阅读写作能力。"因此，在某种程度上，莎娜在向她的学生传递希望。

另外，莎娜还让她的学生知道每个人都有一些痛苦的体验，也都有自己的优势，每个人都是独一无二的存在，每个人也都并不孤独。莎娜还会借助一些经典的故事激励学生。莎娜说，虽然这些故事又老旧又俗套，但我们总能从贝奥武夫（Beowulf）[1]、约翰·斯坦贝克（John Steinbeck）[2]，甚至是格林兄弟身上得到战胜困难的启发。莎娜告诉学生，书能帮助他们走出阴影，敞开心扉表达自己，从而让自己能平和地对待过去，并且书能展现出一个美好的未来。毕业的时候，随着学生们相继取得原来他们自己都不敢想的学位证书，莎娜知道她的承诺终于得到兑现。

---

①《贝奥武夫》，英国古代史诗，描写的是斯堪的纳维亚的英雄贝奥武夫的英勇事迹。这是迄今为止发现的英国盎格鲁—撒克逊时期最古老、最长的一部较完整的文学作品。
② 20 世纪美国最有影响力的作家之一。他熟悉社会底层，他的许多作品都以社会底层的人物为主人公，表现了底层人民的善良、质朴的品格，创造了"斯坦贝克式的英雄"形象。

在合作中，不断提升教学能力

多重职业经历，以及对自身成长经历的反思，都让莎娜的专业成长之路走得与众不同。除此之外，为了打磨自己的教学本领，莎娜还特别重视合作在专业发展中的价值。她对小组学习、教师合作等专业成长方式尤为青睐，珍惜每一次小组合作的机会，将其当作不可多得的提升专业素养的方式。"当我结束第二节英语课，我会很快拿出随身携带的笔记本，穿过走廊，加入到各种小组学习中去——我会蹑手蹑脚地走进206房间，加入到苏格拉底讨论小组；或者我会询问能否坐在206房间，成为读书引导小组的一员；有时候，我会参与到210房间的写作小组中。"

威特洛校长对此印象深刻："最近，她鼓励教师小组研究苏格拉底教学法，并录下上课实况，这样是为了通过使用这种有效的、结构化的对话来做汇报和研究。这种做法促使教师小组能够更深层次地认识和使用苏格拉底教学法。"通过小组学习，莎娜不断累积着自己成长的能量，不断地提升自己。用威特洛校长的话来说就是，"她就像一颗洋葱，里面总是有很多新叶瓣"。

与此同时，莎娜也激励着学生和同事不断学习，收获成长。她的同事伊莱恩·洛克林在推荐信中对莎娜表示了由衷的感激：

作为教学伙伴，我们一起在各个场合授过课。在学校期间，我们曾共同在一个实验性的英语作为第二语言（English as a Second Language，ESL）班级上课；在ESL暑假研讨会上，我们作为搭档参加了各级各类写作培训。作为一个合作者，她赞美了所有与她有共同教育理念和愿景的教育伙伴。她的视野非常开阔，眼光非常长远，看到了长期和远期的目标和挑战。她的专业知识来自她的专业阅读、文学硕士课程和课程设计领域的研究。我的一些优秀作品都来自同我这位专业伙伴的合作。与莎娜·皮普尔斯一起工作的经历是我教学生涯中的主要课程。她让我明白了一名专业教育者的真正含义。

　　为了在教师中营造合作的氛围，莎娜还主动请缨承担起学校的教学督导工作。莎娜说："这是我工作以来担任的最有挑战性的角色，也是我做过的最满意的工作。"担任教学督导，莎娜便有了许多机会与教师合作，通过相互切磋，进而磨练教学技能。莎娜说："科任老师和教学督导这双重身份需要我及时地对老师的需求进行反馈，并发挥示范作用。"威特洛校长十分感激莎娜给学校教师带来的帮助："莎娜是我们学校的一名教学督导，她鼓励那些教学经验相对缺乏的老师，并给他们树立榜样。莎娜不仅在教学上对他们给予指导，还对他们的心理进行疏导。一位老师就曾告诉我，在他意志消沉的时候，是莎娜老师鼓励了他。"

　　莎娜的工作范围十分广泛，通过广泛涉猎，莎娜也获得了更多的合作机会。很长一段时间，莎娜作为标准工作小组的成员和文学教师，被借调到区教育部门工作。那时候，他们的主要工作是收集并分析数据，进而确定区教育需求和训练计划。这一经历让莎娜深受启迪，认识到基于资料分析进行教学决策的重要性。回到学校后，莎娜开始与教师们一道，共同致力于各种学习资料的收集与分析，以此改善学生的学习。

　　有时，莎娜还会和学生们合作讨论和解决二次方程式，又或者和他们一起完成关于适应性的实验报告。一天的工作结束后，为了反思自己的教学，莎娜还会和不同的教师交流，有的是同为英语专业的教师，有的是合唱团的教师，有的甚至是拉丁语教师。

设置问题情境，让真正的学习发生

　　"老师到底应该教给学生什么？"对于这个问题，不同的人有不同的回答。有的教师更关注知识传授，关注知识点的落实，注重学生在考试中考出好成绩。另外一些教师则指出，知识巩固固然重要，但是提升学生的学习能力更加重要，只有学生真正理解了知识，巩固才会自然地发生。为了让学生

真正理解知识，可以设置问题情境，让学生感同身受。《教师博览》2001 年第 1 期刊登了一篇题为"美国孩子的一段历史课"的文章，内容是美国独立战争。老师在这节课上设置的问题情境，就让人印象深刻。

上课的时候，老师给学生发了纸和铅笔，这是惯例。如果老师上课要搞一些小活动，若有需要，学校就会提供一些免费的纸和铅笔。这一天，老师发完纸和铅笔之后，对同学们说："从今天起，大家所使用的纸和铅笔，我们要收费了。"学生一下子就炸开锅了，七嘴八舌地议论道："以前都不收费，现在为什么要收费呢？"老师解释道："由于学校的经费不足，再说纸和铅笔也不是很贵的东西，所以只收很少的一点钱，每个家庭都能支付得起。"学生听了还是不乐意："不论金额多少，只要是不应该支付的钱，我们都不应该付！"就在这时，老师示意大家安静下来，说："听我解释，同学们今天的想法，和 18 世纪 70 年代英国人提出给我们的祖先增加税收时的想法很相似。虽然税收数额并不大，但是我们的祖先认为，这是不应该的。为了捍卫自己的正当权利，反对这种不正义的侵害，所以我们的祖先进行了独立战争。"

这一教学片段表明，通过设置与学生实际生活相关的问题情境，让学生有强烈的代入感，学生就会积极投入到学习中去，真正的学习就发生了。莎娜也特别注重将学习置于问题情境之中，从而让学生有更深刻的领悟。

有一年十月的一天，是莎娜的学生集体展示作品的日子。糟糕的是，天气非常不好，雪下得越来越大，莎娜也越来越担心。莎娜不仅担心学生所乘坐的汽车打滑，也担心邀请来参观展览的人们因为这糟糕的天气而滞留在展览室。事实上，糟糕的天气已经对莎娜的学生造成了困扰，卡伦急得要哭，梅丽莎不小心弄破了脚后跟，珍妮的笔记本电脑也罢工了。对于这些辛苦九个月而完成作品的学生来说，在这样的天气展示作品，简直就是一个噩梦。面对这样一个问题频出的窘境，莎娜当机立断，决定把作品展示地点从原来

的展览室挪到就近的教室，并带领学生做紧急处理。莎娜说："面临这样的情况，我们做教师的，还得镇定。即便状况不断，我们也必须控制并调整好自己的情绪，而不能在学生面前惊慌失措。更重要的是，我们要让学生认识到，我们就是生活在一个什么问题都可能发生的真实情境里，我们必须随时做好应对突发状况的准备。通过这样的锻炼，有助于他们获得知识与技能，加深他们的理解，并提升他们在未知情境中运用所学知识与技能的能力。"这样一个突发状况，经过莎娜的处理，不但没有成为教学的干扰，反而变成莎娜教给学生如何应对突发事件的示范。

莎娜对这种基于问题情境的教学乐此不疲。为了让自己所设计的基于问题情境的教学更有针对性，莎娜博览群书，并密切关注前沿，从众多有启发的思想中汲取智慧。莎娜总结说："我试图为学生创造的学习情境，其实就类似于格兰特·威金斯（Grant Wiggins）和杰·麦克泰（Jay McTighe）所创造的'理解为先教学设计模式'[1]。我们推崇的学习，正如托尼·瓦格纳（Tony Wagner）的《全球成就鸿沟》（*The Global Achievement Gap*）[2] 和丹尼尔·平克（Daniel Pink）[3] 的《全新思维》（*A Whole New Mind*）[4] 以及《驱动力》（*Drive*）[5] 所揭示的：真实且问题驱动的学习。我希望我的学生能练习瓦格纳的七个生存技能：批判性思考和解决问题、合作性、适应性、主动性、交流、分析、好奇和想象。另外，我也同意平克关于提高绩效、焕发热

---

[1] 当代美国教育改革专家格兰特·威金斯和杰·麦克泰最近十余年来一直通力合作，积极倡导"理解为先教学设计模式"（Understanding by Design，简称 UbD）。

[2] 本书主要分析了美国公立中小学教育落后于同等社会经济水平的国家的原因，作者建议课堂教学应该强调"七项生存技能"，以便学生能上大学和找到工作。

[3] 丹尼尔·平克是五本畅销书的作者，他的书已被翻译成 34 种语言，并在世界各地已售出超过 200万册。

[4] 在本书中，作者指出：未来属于那些拥有与众不同思维的人，唯有拥有右脑时代的六大全新思维能力：设计感、娱乐感、意义感、故事力、交响力、共情力，即"三感三力"，才能决胜于未来。

[5] 这是平克的最新著作。在书中，作者详细阐释了在奖励与惩罚都已失效的当下，如何焕发人们的热情。和传统的观点不同，在丹尼尔看来，提高绩效、焕发热情的三大要素是自主、专精和目的。

情的三大要素：自主、专精和目的。"这些都深深地影响着莎娜的教学理念：真正发生学习的地方就是你正在做的事情。

在顾问的协助下，莎娜运用"理解为先"的教学理念设计了一套基于真实情境的学习方案。在该情境中，学生能够通过实践操作提高他们的分析能力，让自己的演说更具说服力，让自己的写作能力也得到提升。"感谢争论"是学习方案中的一个单元。本单元要求学生自己选择一个团队和相应的任务：宣传团队，负责组织宣传对学校发展有积极影响的活动；策划团队，负责拟定新生守则和管理政策；社会变革小组，负责为先修课程的学生制定和社区服务中心的合作协议。广播、印刷、纸媒、银行、城市规划的市场经理、商会以及学校委员会将对学生的表现做出评价。

这些基于问题情境的学习让学生得到了长足的进步。维特曾把开展项目的经历写进大学入学申请书，帮助他顺利进入了哈佛大学，现在他已经是三年级的学生了。史蒂芬·莫克多，现在是阿马里洛学院的高级学者，他在加州棕榈沙漠高中开创了 ABC 指导制和导师制。从此，高年级学生成为低年级学生的导师。安迪娜·罗拉和露西·卡特妮带的另外一个队，在阿马里洛发起了关注乳腺癌的活动。他们和阿马里洛地区乳腺健康联盟合作，用西班牙语和英语在众多街区为女性普及乳腺健康知识。后来，她们的团队被授予"杰出青年社团"称号，并成为学校"智慧女人"这一服务性组织的一个分支。

莎娜对自己的学生充满期待："我希望我所有的学生都可以深思克里斯多夫·罗宾（Christopher Robin）[1] 说的话——你比你所自认为的要勇敢得多，比你看起来的要强壮得多，比你想象的要聪明得多。"

---

① 克里斯托夫·罗宾是英国著名作家米尔恩（A. A. Milne）塑造的一个角色，他是米尔恩最受欢迎的作品——《小熊维尼》故事书里的主人公。

培养有创新能力的学习者

除了将学习置于问题情境中让学生有更深刻的领悟外，莎娜还着力于培养学生的创新能力，以使他们日后能够更好地适应瞬息万变的社会。在莎娜看来，在信息技术飞速发展的当下，知识易得，见识却未必容易产生，知识能否成为力量还有待进一步观察。因此，最重要的是思维品质的培养，要培养学生独立思考的习惯，要培养学生的创新能力。

开学第一课，莎娜和她的大学先修课程的学生分享了下列信息：

A. 美国劳动部预估这批学生到 38 岁时将从事 10 到 14 份工作；

B. 2013 年排名前 10 的岗位需求与 2003 年不再相同；

C. 我们现在正在为尚未存在的工作而做准备，就是为了解决我们现在不认为是问题而将来确实是问题的问题。

莎娜让学生认真思考上述信息，并写出自己的见解。莎娜开玩笑地说："正如你想的那样，严峻的就业现状让人感到担忧。这样的现实，也会让学生或多或少有所触动。"这样的教学安排，不仅仅是这一年戏剧性的开始，也是莎娜让学生明白创新能力的重要性的举措。

莎娜说："哈佛大学教育研究生学院的研究报告显示，公共教育正面临着严峻的现实。据调查，2014 年毕业的学生中，只有 32% 的学生在大学期间已经准备好毕业后直接就业。最近，政府公布的数据更是拉响了这一警报，该数据显示年龄在 25 ～ 34 岁之间的获得大专以上文凭的人数只增加了 0.5%，从 38.8% 增加至 39.3%。长期以来，美国拥有大学学历的成年人所占比例居世界第一位，但是近来却下降到第十六位。为了应对这一状况，我们需要提升教育质量，培养更多有创新能力的学习者。"莎娜举例说，谷歌的招聘信息显示，他们想要的人是以团队为中心，擅长很多事情，可以成功解决问题，能够提炼不同信息，主动出击，富有批判精神。不幸的是，据估

计，80%的课堂学习只是围绕着低水平的事实记忆展开，学生很少甚至没有机会去运用技能。然而，毕业生将面对很多复杂的问题，比如治理贫困，应对气候恶化，等等。

为了在课堂上培养学生的创新能力，她积极改变传统的教学模式。她的同事伊莱恩·洛克林见证了她的努力：

> 上课时，她如同一个技巧娴熟的指挥家。她懂"乐谱"，也知晓每个"音乐家"的优缺点。她用儿童熟悉的语言来解释晦涩难懂的术语，她将困难分层，使其清晰化，她还通过困难测试为她的英语作为第二语言的学生提供一系列解读文本和领会文本的方法。很少有教师像莎娜这般广泛涉猎，而这些恰恰是她的天分。她能够以元认知的方式处理一个任务，设计一个有阅读层次的课程，这是对严谨的真正定义。她有这样坚定的信念：通过自己的引导和专业技术让她的学生习得难以掌握的知识，成为真正的有创新能力的学习者。

2016年5月，由中国教育科学研究院、上海教育报刊总社等联合主办的"多元视野下的基础教育改革与创新"教育论坛在上海市奉贤中学举办。此次论坛的一大亮点是，美国德克萨斯州阿马里洛市帕罗·杜洛高中的英语教师、2015年美国年度教师莎娜·皮普尔斯现场进行情景模拟教学，与中国学生互动、碰撞。这堂展示课为莎娜致力于培养"有创新能力的学习者"提供了一个绝佳的注脚。

这是一堂英语课，主要活动内容是"利用纸、回形针、橡皮筋等一些简单的工具，如何在不用手直接触碰的条件下把乒乓球扔出去？"课堂上，莎娜引导5组学生动脑动手，不只是让学生尽可能地按要求把球投得更远，投完后还要把自己独到的投球创意画下来，最后对照所画的图画用英语描述出来。学生们开动脑筋，或包裹乒乓球后再投掷，或通过弹弓来射球，将乒乓球从舞台的一边送到了另一边，并结合创意图，用英语向现场观摩的嘉宾

介绍自己的创意。谈到自己对这一课的设计时，莎娜表示，现在学生接触图案、图形的机会比我们多得多，让学生借助绘画来表述更容易，印象也更深刻。"作为英语老师，我在教非英语母语国家的学生时经常用到这个方法。根据学生所展示的内容，我可以清晰地看到学生的语法、思维，就像拍 X 光片一样。"①

学校是梦开始的地方

正如奥巴马总统所概括的那样，"超越"作为莎娜教书生涯中的一个关键词，体现在诸多方面。她不同寻常的成长路径，让她坚定了自己从教的决心，并对教学有了十分深刻的理解；她重视通过基于问题情境的学习，培养学生创新学习的能力，也让她的教学超越了知识传授的范畴。值得一提的是，作为一名教师，她对除学生之外的更多人的关注和帮助，也让她的影响超越了学校，影响到更多的人。

作为难民学生的教师，莎娜有更多的机会透过学生的视角来观察公共学校。莎娜说："一个我曾教过的学生让我认识到，公共学校不仅仅是座建筑，更是我们给世界最璀璨的文化礼物。"

这个学生名叫巴维，来自缅甸，是个内向的小女孩。她在缅甸的时候吃过很多苦，也没怎么受过正规的教育。来到美国后，她成为莎娜班上的一名学生。一天，学校因为一场暴风雪停止上课，可是她却背着装满作业的书包，顶着暴风雪走到了学校。她的朋友一早就告诉她学校停课了，但是她不相信，说："这怎么可能，学校是永远开放的，就像医院一样。"

这句话让莎娜十分震惊，也让她开始重新思考学校的意义，并做出了这样的呼吁：

---

① 美国年度教师给中国学生带来了这样一堂英语课！未来课堂已来，你准备好了吗？ [EB/OL].
http://learning.sohu.com/20160513/n449356083.shtml.

我们学校乃至整个美国的学校，从某种程度上说，确实从不停课。因为很多老师们在放学后仍然留下来，抚慰学生脆弱的心灵，帮助他们写大学申请，或者让他们在白板上画画。因为我们是坚强的、可以依靠的大人。

学校是很多人开始梦想的地方，是我们为未来打下基础的地方。全美学校强调：学校和教师是社会稳定的力量，是民主最有力的推动者和捍卫者。公共学校培养宇航员、总统、音乐家和科学家，也让我们认清自我。学校帮助我们认识到我们可以成为什么样的人，帮助我们认识到我们所拥有的最珍贵的东西、个人的意义以及我们为社会共同利益所做出的贡献。

公共学校永不关闭，因为老师一直在那里等着我们，呼唤我们。

受此影响，莎娜日益关注处境不利的学生及其教育。作为美国年度教师，莎娜曾冒着危险去黎巴嫩与当地的老师交流，当地老师的坚守令她备受感动："叙利亚内战开始后，所有的难民涌入黎巴嫩，那里的教育部长告诉我，他们接收了 10 万叙利亚的难民学生，不仅课堂规模翻番，老师还要上早晚班才能为这些难民学生提供教学。"莎娜不能想象，当孩子们不能去上学，一个国家没有老师，会变成什么模样。

莎娜还曾去过巴勒斯坦，当时巴以武装冲突升级，轰炸不断，战火纷飞，但莎娜却毫不畏惧："加沙地区的老师对我说，我没办法操心政治，我要操心的是学生，即使教室的天花板被炸出了大窟窿，我也不管！我会捧着孩子们的脸对他们说，你们有权利获得好的未来，我要尽全力帮助你们，因为你们才是我们的未来。"

卓 越 之 道

彰显个性

所谓彰显个性，就是不接受庸常的状态，追求与众不同，有着区别于众

人的标识。事实上，彰显个性逐渐成为当代教育的一个热门话题，个性的培养是课程改革的重要诉求。在很多人看来，教师所具有的个性对学生个性的培养和自身的专业发展都会产生重要的影响。我们能看到，那些竭力不被世风压进庸常模子的教师，他们的自由思想会照亮教室里年轻的心。

回顾莎娜的成长历程与教书生活，彰显个性成为其中一张闪亮的名片。正如桑迪校长所言：

我已在教育行业工作34年，我可以证明，莎娜·皮普尔斯不同于其他任何我认识的教师。她有着和其他卓越教师许多相同的特质，但她还有着与众不同的方面。这个方面就是她有勇气并且乐意走出"安乐窝"，不断地去迎接新的挑战。教学不是一味保持传统，不思进取。莎娜锐意进取，在教育生涯上留下不可磨灭的足迹。

检视莎娜的教书生活，其彰显个性突出表现在以下两个方面：

莎娜的彰显个性，源于跨界成长。长期以来，人们主要从专业的角度看待教师职业，将教师专业发展看作专业知识、专业能力、专业情意等不断累积的过程。不过，有很多证据表明"不走寻常路"也能造就出卓越的人才。回顾教育史，你会发现教育学领域内，极大一部分的改革者都不是职业的教育家。夸美纽斯创办和管理过许多学校，但他所受的训练是神学和哲学。卢梭从未上过课，虽然他也有孩子，但据我们所知，他自己从未教育过他的孩子。福禄倍尔是幼儿园的创始人和感知教育的拥护者，但他是一位化学家和哲学家。赫尔巴特是心理学家和哲学家。在近代，杜威是一位哲学家，蒙台梭利夫人、德可乐利和克拉帕雷德都是医学博士，而后两位还是心理学家。[①]学科边界被打破之后，教师就更容易纵横捭阖，更容易找到学生感兴趣的地方。

---

① [瑞士] 让·皮亚杰. 教育科学与儿童心理学 [M]. 傅统先，译. 北京：文化教育出版社，1981:9.

　　全国知名教师吴非说，作为教师，在"专业"之外获得的启示，往往更能激发他作为"专业技术人员"的灵感。也正因为如此，他经常劝说学生多关注一些"远距离的知识"，不是因为"有用"，而是借此发现世界的辽阔。[①]

　　这一点在莎娜身上得到了印证。在成为教师之前，莎娜从事过多种职业，让她意识到自己内心对教学的热爱，并坚定了自己从教的决心。成为教师之后，莎娜通过自身成长经历，认识到教学的神圣，在对教学充满敬畏的同时找寻各种办法帮助学生面对困难。莎娜还对小组学习、教师合作等专业成长方式尤为青睐，珍惜每一次小组合作的机会，将其当作不可多得的提升专业素养的方式。这些都让莎娜的教书工作与众不同。

　　莎娜的彰显个性，是为了更好地拥抱多元的学生，是以多样化的方式去帮助那些处于极端贫困和在生活中遭遇了重大挑战的学生，帮助他们发现成长的新路，以超越他们的现在，实现他们的理想。

　　"孩子不关心你知道什么，直到他们知道你关心他们"，莎娜致力于积极发展与学生的关系，尊重不同文化背景的学生并且真正关心每个学生的生活。帕克·帕尔默这样说过："真正的教学不在于具体的教学技能，而来自于教师人格的完整性。"作为帕尔默的拥趸，莎娜的彰显个性，很大程度上体现了"教师人格的完整性"。奥巴马总统在发表颁奖致辞时这样说道：

　　莎娜的辛勤工作让她收获了学生的信赖，也帮助学生发现了不同的成长路径，进而超越现在并步入美好的未来。"在某种意义上，我是在'兜售'希望"，她这样解释道。我喜欢这样的说法——在某种意义上，我是在"兜售"希望。她的学生对"希望"充满渴望，绝大多数的孩子也都对"希望"充满渴望。

---

① 吴非. 课堂上究竟发生了什么 [M]. 北京：中国人民大学出版社，2015:20.

2014 美国年度教师：肖恩·麦考

区　　域：马里兰州

任教学校：帕塔普斯科高中与艺术中心

学校类型：城市学校

学　　科：英语

学　　段：高中（9～12年级）

教　　龄：8年

教育箴言： 每个孩子的内心深处都有一块隐形且伴其一生的黑板。在孩子成长的过程中，有些人会在这块黑板上写上爱与支持，而另外一些人则留下了否定与怀疑的符号。随着这些积极的和消极的内容不断填充在这块黑板上，每个孩子开始走上了自己的人生旅途。对教师而言，在与学生交往的过程中，他的工作就是努力擦去孩子心中那块黑板上否定与怀疑的符号，并写上关心的话语，突出他们的优点，激发他们的力量，传递希望和信任。虽然学生可能并不明确知晓这块黑板的存在，但好教师给予他们的力量无疑将持续一生。

美国公立学校首席官员委员会于 2014 年 4 月 30 日正式宣布，来自美国东海岸马里兰州巴尔的摩县的帕塔普斯科高中与艺术中心（Patapsco High School and Center for the Arts）的英语教师肖恩·麦考（Sean McComb）获得美国公立中小学教师的最高奖项——第 63 届美国年度教师。

人 物 素 描

宽严相济的美国年度教师

肖恩是帕塔普斯科高中与艺术中心的一名英语老师。自 2007 年参加工作以来，肖恩在帕塔普斯科高中与艺术中心工作已逾 8 年。2013 年 5 月，肖恩荣膺巴尔的摩县年度教师；同年 10 月，他顺利当选为马里兰州年度教师；接下来，肖恩获得了美国中小学教师的最高奖项——美国年度教师。

年仅 30 岁就被评选为美国年度教师，肖恩堪称青年才俊！这样一位年轻教师的脱颖而出，背后一定有诸多动人的故事。在肖恩看来，其中就有他与自己的高中老师舒尔茨之间不得不说的故事：

正是因为有舒尔茨这样的老师，让我找到了另一个自己；也正是因为有舒尔茨这样的老师，让我体会到，有时候老师不妨成为"一根叫做思想的尖棍"。

2007 年，为了帮助学业处于中游但依然葆有大学梦的学生能顺利走进大学，肖恩负责开发了名为"个人意志进阶"（Advancement Via Individual Determination，简称 AVID）的大学预科课程[①]。在过去的 6 年时间里，大量

---

① 这种大学预科课程类似于我国的校本课程。需要指出的是，和我国高中开设校本课程的取向不同，在美国，衡量高中开设校本课程的价值，主要看这些校本课程在学生申请大学时能否起到作用。由于美国大学一年级的课程里有不少可以以"大学选修课程"的名义下放到高中，高中学生只要上了这些课，并通过由大学理事会（College Board）主持的全国统一考试，就可以拿到大学的学分。学生拿到的大学学分越多，就证明该生的学术能力越强，就越容易被大学录取。

学生选修了肖恩的"个人意志进阶"课。这些学生的学习成绩大多处于中间水平，需要一个契机来引领和支持他们，让他们在完成枯燥的高中教育的同时，为上大学做好准备。

结果不负众望，肖恩的"个人意志进阶"课取得了不俗的成绩。在该课程的前两届毕业班中，98%的学生被四年制大学录取；虽然选修"个人意志进阶"课的学生不到30名，但他们拿到的奖学金数额却超过了其他300名毕业班学生拿到的奖学金数目之和。另外，"个人意志进阶"课上的学生在标准化测验、出勤率、GPA、大学录取与注册率方面均超过了他们的同伴。肖恩将这一切归功于自己的老师舒尔茨先生：

这一切得以发生和舒尔茨先生密不可分，舒尔茨先生通过言行告诉我，一个好教师，要给学生"一根叫做思想的尖棍"，鞭策并支持学生勇敢前行。

实际上，作为老师，肖恩所扮演的正是这根"思想的尖棍"：一方面，对学生高标准严要求，鞭策学生，激发学生内心深处的梦想；另一方面，给予学生支持和帮助，鼓励学生勇敢寻梦！

除了分内的英语教学工作外，肖恩还主动承担起不少和教学有关的工作。为了帮助年轻教师尽快成长起来，肖恩是各类教师培训活动的积极参与者，是年轻教师的倾听者和知心朋友；肖恩还带领学生参加各种社区服务活动，将爱和责任根植于学生的心中，并让学生在社区服务的过程中体会到付出的快乐。

教 书 生 活

在舒尔茨老师的教室里

在发表获奖感言时，肖恩由衷地对自己的老师表示感谢：

　　我之所以成为一名教师，是因为在我的成长过程中遇到了非常出色的教师，是他们把希望和可能照进了我灰暗的人生。因此，对我来说，教书就是一种责任，一份传承的职业，我要尽力帮助我的学生实现他们的人生理想。这种使命感让我的职业生涯变得有意义起来。

　　回忆起自己的学生时代，肖恩从一句名言开始，他说：

　　自我实现对一个人的重要性不言而喻，也许正因为如此，很多人都非常认同理查德·赖特（Richard Wright）[1]的这句名言——人们会因为缺乏自我实现而受饥饿之苦，这就像他们因缺乏面包而受饥饿之苦一样。我也不例外。

　　1999年8月，当肖恩走进舒尔茨老师的二级英语大学选修课程（AP English Ⅱ）[2]教室的那段日子，他正经历着人生的困境。他回忆道：

　　我过去是个有潜力的学生，但有时我无法发挥我的潜力。当时，我的父亲正经历失业的困扰，母亲还酗酒成瘾，家里的生活一团糟，根本安放不下一张安静的书桌。

　　就在那个迷茫的秋天，他来到了舒尔茨老师的教室。舒尔茨老师身上有一种神奇的、让人平静下来的力量。舒尔茨老师耐心倾听肖恩的倾诉后，告诉肖恩，越是在遭遇困境的时候，越是要迸发出生命的力量。在这样的时候，一定要用高标准来要求自己，这样才能走出生活的泥潭，并最终有所作为。舒尔茨老师关于高标准的教诲，让肖恩逐渐在迷茫的生活中找到了努力的方向。

---

[1] 理查德·赖特（1908—1960），美国黑人作家。其代表作有《土生子》（*The Native Son*）、《黑孩子》（*Black Boy*）、《局外人》（*The Outsider*）等。
[2] AP 是 Advanced Placement 的缩写，一般译为大学先修课程，指由美国大学理事会提供的在高中授课的大学课程。

　　舒尔茨是肖恩的英语老师。在舒尔茨老师的教室上，由文学研究而带来的一个充满故事、体验与风景的新世界逐渐向肖恩洞开！肖恩至今还对舒尔茨的课堂念念不忘：

　　在舒尔茨先生的教室里，你没法不学习。他充满热情，斗志昂扬，不让学生止步于庸常的理解，而迫使他们展开更深入的批判性思考。正是在舒尔茨老师的课堂上，我逐步学会了如何对文学作品展开有深度的解读。

　　在舒尔茨老师的教导下，肖恩尝试对哈克贝利·费恩（Huckleberry Finn）① 这一文学人物做了一个导读。舒尔茨老师对这个导读感到非常满意，将其作为一个范本，当着同学们的面大声朗读。这让肖恩真切地体会到努力的重要性，开始认识到舒尔茨老师高标准的真正含义：

　　此前不久，他还批评过我们班其他同学那些马虎潦草、没有新意的导读。这对我触动很大。为了让自己的导读更有新意，我花了很多时间查阅资料，对内容反复进行修改。坦率地说，我之所以如此用心准备关于哈克贝利·费恩的导读，与其说是为了让我的导读更有新意，毋宁说是为了让我钦佩的舒尔茨老师——我当时唯一的充满正能量的榜样——能够为我的成长而感到自豪！舒尔茨老师不断地鞭策着我，让我逐渐从家庭生活的阴霾中走出来，并对文学产生了热爱。

　　在舒尔茨老师的鞭策和鼓励下，肖恩逐渐从灰暗的日子中走了出来，并坚定了从教的信念。肖恩这样说道："当时，我经常问自己，怎样才能以同样的方式改变其他人？我发现，教书成了我回报我的老师，并使更多的学生发生改变的重要方式。"

---

① 哈克贝利·费恩是马克·吐温的小说《哈克贝利·费恩历险记》的主人公，是一个聪明、善良、勇敢的白人少年。

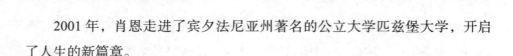

2001 年，肖恩走进了宾夕法尼亚州著名的公立大学匹兹堡大学，开启了人生的新篇章。

教育公平思想的萌芽与成长

2005 年，肖恩以优异成绩获得匹兹堡大学英语文学本科学位，并开始攻读本校的硕士研究生。

受到舒尔茨老师影响，肖恩对学校硬件设施、师资配备、处境不利的学生等关涉教育公平的问题一直都格外关注。在读硕士期间，"教育的社会基础"就是肖恩最感兴趣的课程之一。这门课程让他认识到，学校作为社会公共机构，可以通过关注所有学生的教育来促进社会公平的实现，是社会公平的均衡器。

肖恩还阅读了大量有关教育公平的著作，他说："在读乔纳森·考泽尔（Jonathan Kozol）[1] 和拉尔夫·埃里森（Ralph Ellison）[2] 的著作时，我就特别向往将来成为一名社会不公正现象的改革者。"

有一次，肖恩和同学一起观看了美国公共电视网播出的一部显示校际差距的纪录片。在纪录片中，由于位于富裕的社区，纽约城郊的学校看上去像大学校园，而位于密西西比州的农村学校，环境则非常糟糕，屋顶还漏着水。巨大的差距刺激着肖恩，肖恩对同伴说："我想去一所孩子们真正需要我的学校，我想当一名对他们的人生能够产生重要影响的老师。"于是，快毕业的时候，肖恩决定前往巴尔的摩参加教师面试。

在巴尔的摩，肖恩先后到八所学校面试，最后选择了帕塔普斯科高中与艺术中心。肖恩说：

---

[1] 美国当代教育家，美国国家图书奖得主。他的著作 *Letters to A Young Teacher* 被译成《给青年教师的 15 封信——教育家对话新任教师》（华东师范大学出版社 2010 年版）。
[2] 美国当代著名黑人作家，其代表作《看不见的人》（*Invisible Man*）被誉为"二战"以来美国最重要、最有影响力的小说。

之所以选择位于巴尔的摩县邓多克社区的帕塔普斯科高中与艺术中心，并在此长期执教，是因为我决心通过自己的教学改变这些处境不利的学生的人生。

当制造业的萧条全力冲击邓多克社区时，肖恩开始了教书生涯。一家汽车厂刚刚关门，另一家钢铁厂也离停业不远了。肖恩回忆说，当他2007年8月入职时，还只有27%的学生被划定为低收入家庭生源，但随后，艰难的经济形势影响了学校所在地区，处境不利的学生越来越多。现在，51%的学生开始进入接受免费和降价餐补贴的行列——这是低收入家庭的指标。

面对这些学生，对公平的渴望再一次在肖恩的内心升腾。肖恩决心尽己所能，成为这些学生的"守护者"。他动情地说道：

每个孩子都需要一个守护者。每个孩子的生活中都需要一个珍视他们、信任他们、对他们抱有厚望的成年人。幸运的是，在我成长的过程中就遇到了这样的守护者，而在我的整个教书生涯，在与学生交往的过程中，我也努力让自己成为他们的守护者。

为了让每一个学生在成长的过程中都能遇到"守护者"，肖恩再次强调了学校的作用和教育的力量：

每个学生都需要一位守护者，我们的公立学校系统必须尽力守护每一个学生。我们必须采纳这样的标准——为每个学生提供21世纪的教育机会，将他们每一个人都培养成具有全球竞争力的人。我们应该创造机会，让每一个儿童都能进入幼儿园，平等地接受早期教育；我们应该创造机会，让每一个孩子都有机会通过互联网获取学习资源，平等地享受信息带来的福利。而对我们教师来说，我们要尽己所能。大多数教师对这句话都不陌生："你可以把马牵到水边，但你却没法逼它喝水！"这确实会让人感到失望。不过，

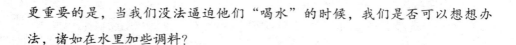

更重要的是，当我们没法逼迫他们"喝水"的时候，我们是否可以想想办法，诸如在水里加些调料？

让学生成为批判性思考者

批判性思维（critical thinking），是当前中小学教育领域的一个关键词。所谓批判性思维，一般而言，就是面对一个现象，不盲目予以肯定与否定，而是基于论据和严密论证的基础上谨慎地形成观点。举例来说，接受信息的一种方式，是海绵式的，这样接受信息的方式意味着接受信息时大多不经过思考，囫囵吞枣，照单全收，因而遗忘也快，对人也无所谓教益。与之相对，拥有批判性思维的信息接受者，在接受信息的时候，经过质疑、分析、推理、反思等过程，沙中淘金，不断形成结构化的、更可靠的认识。

受舒尔茨老师的影响，肖恩一直坚信，相信学生、帮助学生设定目标、促使他们跨越成长的障碍，正是教育的要义所在。在这个过程中，肖恩逐渐认识到批判性思维之于学生学习的重要性，并致力于将学生培养成批判性思考者。肖恩说：

> 每次思考关于学生问题的时候，我经常把他们想象成超出我的课堂的15岁的全球公民，我会问自己对他们有什么期望。原来，我希望他们学会合作，能够有效地与人交流；我希望他们能够独立思考，对媒体、政客和主流文化中所呈现的观点有自己的思考；我还希望他们成为终身学习者，有机敏的头脑，能够对瞬息万变的世界做出回应并做出应有的贡献。

这种对学生的期许，让肖恩不满足于做一个传授知识的教师，而致力于学生批判性思维的培养。肖恩说："当前社会日新月异，无论我们教会学生什么知识和技能，都会在20年内过时。因此，教育的根本使命并不是告诉学生确信的答案，而是要教会他们如何批判性地看待这个世界，不盲目接受现成的观点，不墨守成规，以便在未来将世界改造得更好。"

　　在肖恩看来，成为批判性思考者，首先要培养学生的**包容心**，让学生能够通情达理地面对多元的世界。作为批判性思考者，就是当一个人面对陌生事件、陌生信息时，下意识地悬置观点，不轻易肯定，也不轻易否定，而是尽可能地收集全面的资料，以此作为参照审视当前的事件或信息，从而得出一个比较合理的认知。肖恩说：

　　美国社会的一大原则就是多元化——包容多种观点和看法。这也是英语课堂的美妙之处和挑战所在！因为答案不只是对与错两种。由于我们的经历与思考各不相同，我们的答案也会有所不同。我们需要尊重这些真实的想法和观点。

　　现实也告诉我们，面对现实世界的挑战，我们很少会有唯一的正确答案。不过，肖恩发现，有一些学生进入课堂时，只想要一个确定的答案。基于此，肖恩就非常注重将多元的思想渗透在课堂教学中。肖恩这样解释道：

　　当学生们懂得了批判性思维的复杂本质，就能很快成长为批判性思考者。如此一来，他们就会设法从不同的角度解读学习内容，并想出各种办法应对现实生活的挑战。只有当学生不仅会在课堂上运用批判的视角来分析学习内容，并且能在生活中运用批判的眼光来看待他人的观点时，批判性思维才能得以蓬勃发展。

　　肖恩强调，成为批判性思考者，还意味着看待问题不再就事论事，不再止步于表象，而是有更深刻的思考，**能透过现象看到本质**。为此，肖恩主张教师借助合适的学习材料，创设问题情境，让学生基于具体的问题情境，成长为批判性思考者。

　　肖恩的学生斯科特·泰勒分享了一个故事，为我们呈现了肖恩老师致力于培养批判性思考者所付出的努力：

肖恩·麦考经常通过设置一些问题，以此发现我们内心的想法。他在10年级英语课上安排的一个学习单元，至今让我记忆犹新。当时，我们讨论的是与种族有关的话题，阅读的材料是卡勒德·胡赛尼（Khaled Hosseini）写的《追风筝的人》（*The Kite Runner*）①。我知道在20世纪50年代，黑人在美国面临了诸多的歧视，对此我感到很遗憾。我相信自己不是一个种族主义者，不过，我并不清楚"9·11"事件之后许多美籍穆斯林所遭遇的歧视。在最初的反思之后，我明白我虽然不是一个公然的种族主义者，但潜意识里对阿拉伯裔的人还是有些愤恨的。在肖恩的启发下，我逐渐改变了这些愚昧的想法。我们了解到"基地组织"只是整个穆斯林人群中很小的一部分。他给我们作了类比，三K党在基督教徒中的比例，就好比"基地组织"在穆斯林中的比例。我们发现，我们习惯于把一个少数群体的行为推广到所有美籍穆斯林人身上，为与他们毫不相干的行为而谴责他们。为了让我们切实关心这个观点，以及它是如何影响美国穆斯林人群的，肖恩让我们阅读了《追风筝的人》。我了解到阿米尔的美国之行，以及他到美国之后所遭遇的困境。我关心阿米尔，开始憎恶那些思想封闭、只根据他的种族来评判他的人——我曾经就是这样的人。

显而易见，通过这样的教学活动，学生逐渐意识到自己内心深处的种族歧视观念，进而做出了改变。用苏格拉底的话来说，"这些道理都是你自己知道的，不是我告诉你的"。

将学生培养成批判性思考者，**对师生关系有特殊的要求**。肖恩说：

融洽的师生关系能将挑战转化为让所有学生卓越成长的机会。我们希望培养出全面发展、具有批判意识的年轻人，就需要建立融洽的师生关系，将

---

① 《追风筝的人》是卡勒德·胡赛尼的第一本小说，讲述了一个身在美国的阿富汗移民的童年往事以及他成年后对儿时过错的心灵救赎。该书在美国两大权威畅销书排行榜——《纽约时报》排行榜和《出版商周刊》排行榜长达80余周。同名电影于2007年上映。

人性与人品带入课堂。走进一个缺乏人性、爱与慈悲的教室，你会觉得空气都凝固了，还怎么可能从中生发出有意义的学习呢？相反，通过良好的师生关系，学习的快乐也会感染他人。更重要的是，融洽的师生关系还能促进深度学习与批判性思考。在融洽的师生关系的氛围里，学生应对具有挑战性的问题时，会更有能力，也更有信心。

对肖恩来说，看到学生不断成长为批判性思考者，看到他们在毕业之时已成为思考周详、从容面对世界的年轻人，这是对他教学最大的奖赏和回馈。这种回报，一部分体现在学生们优异的考试成绩方面；还有一部分则体现在更具体、更细节的事情上，如学生对阅读产生了浓厚的兴趣、学生有了为他人服务的意愿、家长在孩子毕业时满含热泪的感激……

在学生内心的黑板上写上"教育诗"

让学生成为批判性思考者，是肖恩课堂教学的主要目标。与此同时，肖恩对学生的关心和爱护也让人印象深刻。肖恩说："孩子是上天给予世界的礼物，他们用纯净的眼睛去看世界。作为教师，要保护他们的纯净和好奇心，鼓励他们去探索世界，思考如何让这个世界变得更美好。"因此教师要通过教育，真正地走近学生，让学生变得更有好奇心和创造性。

肖恩说："我努力工作，以使我的学生投入到学习中去，并推动他们实现内在的卓越。我希望我的学生离开我的教室时，能成为更好的阅读者、写作者和思考者，更希望他们成为更好的人。""更好的人"，根据肖恩的理解，应该是身心健全发展的人。在发表获奖感言时，肖恩说出了自己对教师的理解：

作为教师，我们从教的目的并不是为了获得荣誉和奖项。和大多数教师一样，我只是希望能够积极地影响学生，使他们的学习变得快乐，并帮助他们成为他们能够成为的最棒的人。

为了培养"更好的人"，肖恩这样区分教师与科任教师的区别：

作为科任教师，我要对学生学习成绩负责；而作为教师，我知道自己需要最大程度地促进学生全面发展。我是英语教师，但我教的不只是英语，而是教学生学英语。作为教师，我的首要任务是确保学生感受到教师的关心和爱护，让学生在我的支持下尝试挑战自我。

肖恩还特别提及作家韦森·斯塔福德（Wes Stafford）说过的让他印象深刻的一段话：

每个孩子的内心深处都有一块隐形且伴其一生的黑板。在孩子成长的过程中，有些人会在这块黑板上写上爱与支持，而另外一些人则留下了否定与怀疑的符号。随着这些积极的和消极的内容不断填充在这块黑板上，每个孩子开始走上了自己的人生旅途。对教师而言，在与学生交往的过程中，他的工作就是努力擦去孩子心中那块黑板上否定与怀疑的符号，并写上关心的话语，突出他们的优点，激发他们的力量，传递希望和信任。虽然学生可能并不明确知晓这块黑板的存在，但好教师给予他们的力量无疑将持续一生。

这段话让肖恩感同身受，也更加坚定了自己的努力方向："当我们在开展工作的时候，当我们在应对挑战的时候，其实我们的学生也在向我们学习。他们会在自己的黑板上记录下我们的所作所为，我们如何面对失望，我们如何保持希望，以及我们如何关心教室里的每一个学生。因为每个教室里的每个孩子都值得拥有一个跟他们站在一起、支持他们、给他们的生活带来希望之光的守护者。"

舒尔茨老师的影响如影随形，肖恩逐渐成为一名舒尔茨般的老师。在肖恩看来，在和学生打交道的过程中，教师大有可为，如可以在探究和创新上下功夫，进而让学习变得有意思起来；可以将学习与学生天然的好奇心结合起来，激发学生内心对学习的渴望；可以在上课的时候，通过基于现实的有

挑战性的问题让课堂变得生动起来；还可以给学生提供一个"综合的课程"，让最好的教学内容、富含创造性的动手机会以及与教师的积极互动成为学生的"精神食粮"。肖恩说：

> 更重要的是，我们不能通过在孤立的小教室里的教育来守护每一位学生。我们需要把课堂跟其他教育者的杰出工作连接起来，把我们的学校与我们要让学生适应的世界联系起来。为了塑造一个能守护每一位学生的学校体系，我们必须协作，将最好的实践与最好的资源融合在一起。

值得一提的是，2013 年，帕塔普斯科高中与艺术中心自建校 50 年来，首次同时登上《华盛顿邮报》和《美国新闻与世界报道》的全国最佳高中排行榜，被列为美国顶尖高中。

肖恩还积极服务于所在社区，并将爱和责任根植于学生的心中。肖恩和学生共同参与的服务计划有很多，在社区里植树、清洁当地的小河、给无家可归的人送饭，参与当地教堂举办的给"需要帮助的邻居"（Neighbors in Need）的捐赠活动，等等。对于这一点，肖恩这样阐释道：

> 我立志培养学生们的服务意识。我期望学生们在离开我的课堂时，能成为更好的阅读者、写作者和思考者，更希望他们能成为更好的人。当学生问到我手上怎么磨了一个水泡，我可以很自豪地告诉他，这是我前不久为一个收容所做园艺工作时留下的"勋章"。

> 学校是播种仁慈的土壤。如果在成长中缺失了仁慈、怜悯之心，学生将会在人生的路上摔大跟斗。因此，我尽力培养学生的爱与责任意识。我非常享受和学生肩并肩做义工的时刻。我们曾一道从本地的小河床里清理出丢弃的垃圾，也曾一道为社区植树，还曾一道参加为色素性视网膜炎募捐的马拉松。每年冬天，我们至少会帮助一个家庭，为他们筹款并募集食物，让他们感受到圣诞节的温暖。我们还连续 5 年为中央河（Middle River）浸礼会教

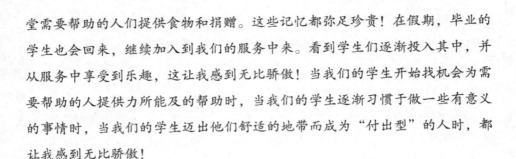

堂需要帮助的人们提供食物和捐赠。这些记忆都弥足珍贵！在假期，毕业的学生也会回来，继续加入到我们的服务中来。看到学生们逐渐投入其中，并从服务中享受到乐趣，这让我感到无比骄傲！当我们的学生开始找机会为需要帮助的人提供力所能及的帮助时，当我们的学生逐渐习惯于做一些有意义的事情时，当我们的学生迈出他们舒适的地带而成为"付出型"的人时，都让我感到无比骄傲！

最近，肖恩应承了在他家乡的贫困地区创建一个社区活动中心的任务，他们又有了新的提供服务的机会。肖恩说："我设计了课外学习与活动项目，我会给该社区各个年级的学生提供作业指导，让他们在一起开心地玩耍。除了这些项目之外，我们还会帮助那些来自单亲家庭的孩子，让他们与成人之间建立起良好的互动关系。"

拥抱教育技术的革命

与此同时，肖恩还十分强调科技在教学中的运用，鼓励教师将先进的技术工具运用到教学中来。肖恩这样呼吁道：

为了使学生把未来建立在可靠的基础之上，不仅要让他们有学识，还要让他们学会创造性地运用知识。而如何让学生学会创造性地运用知识？这就需要借助科技的力量。我们所面对的这些学生，他们成长且活跃在各种科技之中。他们这一代，在推特（Twitter）上获取一个时髦标签要比给国会议员写一封信更让人激动。可以说，科技已经成为他们生命的基因。事实上，科技也为我们的教学提供了极为有力的支撑，诸如基于云计算的研究工具、博客圈、记录短片、推特秘密通道以及谷歌文档写作等工具，为我们的探究教学、合作教学提供了新方法。当学生在我们的指导下掌握了这些基于科技的新方法后，不但会让科技本身的力量得以呈几何倍数增长，更有助于培养学生的合作学习能力以及批判性思维能力。

不过，肖恩也看到，科技的重要性并没有在教育中引起足够的重视。为了说明这一糟糕的现状，肖恩引用了华莱士先生的毕业典礼致辞[①]：

一天，两只小鱼一块儿游着，遇到了一只游来的大鱼，大鱼点头打招呼道："早上好呀，孩子们。这水怎么样？"两只小鱼继续游了一会儿，终于其中一条小鱼忍不住看着另一条小鱼说道："水是什么鬼东西？"

华莱士用这个故事是想说明，真理就在我们身边，而我们却总是视而不见。肖恩进一步指出："这一寓言所蕴含的道理在我们的教育中也普遍存在。对当下的教师来说，这一真理以一种不同的方式在我们的生活中存在着。我们创建课程计划模板、参与各种培训、接受专业发展指导，都只是企望将科技作为辅助工具'添加'到课堂教学中来。然而对我们的学生来说，技术绝非外来'添加物'，而是无所不在，早已成为他们生活中的一部分，就像鱼缸里的水一样。而让人遗憾的是，这一简单的事实，我们却并不曾留意过。"

在《技术垄断》（*Technopoly*）一书中，尼尔·波兹曼（Neil Postman）[②]写道，某些技术并不是添加剂，而是转化剂，就像一滴食用色素会改变整杯水的颜色一样。全部人类知识都能呈现在网络中，资源就在每个学生的指尖上，触手可及。创新工具的出现，对教育而言是个转折性的改变。但是拥有这些技术的 2013 年的课堂，却常常跟 1913 年的课堂一样，而不像是为 21 世纪学生提供的学习环境。技术就是当今学生生活的环境，因此他们应当在一种能充分利用技术资源的环境下学习。肖恩认为，最好的学习环境就是以学习者为中心的、个性化的、融面对面学习与数字化学习于一体的环境。正

---

① 大卫·福斯特·华莱士（David Foster Wallace），被誉为美国最天才的青年作家，这是他于 2005 年在凯尼恩学院（Kenyon College）所作的毕业演讲。

② 需要说明的是，波兹曼认为虽然认为技术和人的关系亦敌亦友，但他更偏重指出技术的阴暗面，以免技术对文明造成伤害。参见：[美] 波兹曼. 技术垄断：文明向技术投降 [M]. 蔡金栋，译. 北京：机械工业出版社，2013.

因为没能给当今的学生——这些"数码族"——提供这种最好的学习环境，才使得我们的教学在科技面前显得"竞争力"不强。

课程与课堂是围绕着传授知识来设计的，而这些知识，学生知道几秒内就能从口袋里的设备上获取到，这会导致多年来的老问题——为什么要学这个内容？在这种情境下，没有令人满意的答案。随着学生们发现学习活动不那么重要，他们就会更加脱离课堂。对一个聪明好学的学生来说，只要教师能提供适当的有挑战性的刺激就够了。然而，学生通常遇到的是简单的问题，以及在周围世界中见不到的内容。由于尊重老师、文凭的文化资本等原因，多数学生仍然是顺从的。但顺从无法作为教师成功的标准。

对于这种现状，肖恩明显表示了担忧。他说，必须运用教学技术工具来满足学生的真实需要。仅靠技术无法提高学生的学业成就，但当技术遇上训练有素的教育者时，依据最佳实践经验，实施以学生为中心的课程，就将逆转乾坤。

教育变革势在必行

肖恩还从宏观层面就教育变革作了如下声明：

现在就是变革的时代。我们已经采用了一套现代化的设计精良的标准，注重培养学生为21世纪的大学生活和职业生涯做好准备，并由此驱动真实情境的学习和以学生为中心的课程。共同核心课程标准[①]告知学生，任何学习均不能脱离现实。通过整合课程来培养学生，可以把学生培养成问题解决者。这些标准是学校变革的前导，也是对学校蜕变的召唤。我们必须朝着现代化的、以学习者为中心的整合课程转变，将信息技术的能量最大化，让学生投入到创造、合作与研究性学习中。

---

① 共同核心（the Common Core），是2010年由全美州长协会和州教育理事会共同发布的《共同核心州立标准》的简称，该课程标准规定了美国自幼儿园至12年级的学生应掌握的知识和技能。

　　因为真实的世界是合作的，故而肖恩的课堂教学组织方式也谨遵这一原则。通过教学设计，合作学习在肖恩的课堂里持续地发生着。他的一名学生受访时说："我感到不是一个人在这儿学习，而是从每个人那里学习。"肖恩坦言："不论是面对面的学习还是数字化学习，合作都是我的课堂的一大标志。在我的英语课上，是学生带来的问题，驱动着整节课的讨论。学生们在博文中相互评论、批判，他们自己在文坛和推特中组织读书会，并且主导分段写作的修订。学会合作是一项技能，我们也有意识地在课堂中培养这种技能。"

　　各方必须通力合作，促成这个转变，决不能弄巧成拙。我们必须依靠证据来仔细审视在学校里什么行得通，而不能单凭假设去判断。我们需要修订课程，以彰显示范校、示范课堂和示范项目的榜样力量，提高学生的学习投入度。要对在职教师进行培训，支持他们转变教学方式。对于教师教育项目，应当更加严格地遴选，坚持复合学习模式，让职前教师在整个高等教育阶段都要进入课堂去体验。学校必须做好沟通解释，消除公众的不安与恐惧。家长必须要求地方政府增加教育投入，保障所有学生都能获取现代化学习的工具和资源。

　　想要确保整个社会的机会平等，就必须保证基本层次的学习条件的均衡。如果允许富人运用技术而穷人不能运用，那将会扩大我们国家的学业成就差距，即低收入家庭和非低收入家庭孩子间的差距。

　　要实现这个变革，我们必须警惕，不可屈服于这样的教条：把技术扔进学校，就能确保成功。我们不能仅仅将"关注"技术作为教育使命。学习仍然需要以扎实的教与学为基础，帮助学生培养终身受益的技能和习惯，尤其是那些构成终身学习能力的技能。但我们不能安于过时的、只关注知识习得的课堂，教育学生的最好方式便是教师站在黑板前讲授的时代已然一去不复返。因而，技术必须成为不着痕迹地整合合作、以学生为中心、个性化学习

的一大要素。它虽然看不见，却不可或缺，就像房间里的空气或是鱼缸中的水一样。

肖恩这样总结自己从教以来的教学生涯：

回顾我这短暂却令我印象深刻的教书生涯，我为帮助塑造了帕塔普斯科的文化而深感自豪。除 AVID 项目之外，我的英语班的学生在全州测验中普遍超过了他们的同龄人，他们还经常开心地对我说，"我是第一次体会到在家读书的乐趣"；作为交流项目的一部分，我跟巴尔的摩县公立学校的 27个学生一起，在中国西安待了两个月，住在当地人家里，并在当地的学校体验生活；我协助参与在陶森大学举办的教师培训，持续四年之久，并作为负责人开发了地方英语课程；我训练的选手获得了全州赛跑冠军，我还让对网球一无所知的初学者长久地喜欢上了网球……这些成就对我来说的确很重要，不过与我的学生找到了人生方向相比，顿时就黯然失色。

我们周围有许多学生，他们的生活很平静，但是充满着焦虑。为了帮助他们，我努力为他们寻找合适的榜样，让他们从榜样的身上看到前进的方向和动力，从而得以茁壮成长。舒尔茨先生给予了我无穷的力量，激发了我努力从自身寻找更多的甚至连自己也意想不到的力量。我努力让学生投入地学习，推动他们成为更好的自己。每个孩子都应当得到这样的帮助，而我的使命就是让这些帮助成为现实。

卓 越 之 道

不仅仅是高标准

综观上述内容可以发现，深受舒尔茨老师的影响，肖恩深切感受到了一名教师对学生人生轨迹的重要影响，高标准成为肖恩教书生涯中一个十分

紧要的关键词。不过，在以学生为本的当下，提及高标准，人们不免想到学生的学业负担。基于对儿童的理解和发现，人们倾向于给学生尽可能多的学习自由和生活自由，减轻学生的课业负担，并尽力解除学习对学生造成的压抑，以实现儿童个性的自由发展。正因为如此，很长一段时间以来，课业负担过重都是教育领域关注和讨论的焦点。问题在于，什么样的课业负担就是负担过重，课业负担过重与努力学习的边界在哪里，诸如此类的问题一直存在争议，认识上的差异也非常悬殊。

随着研究的不断深入，关于课业负担过重的心理感受逐渐进入人们的视野。越来越多的人开始相信，关于课业负担过重，一个很重要的指标在于心理感受。因此，在教师高标准的要求下，如果学生的心理感受良好，那么这种高标准就能够成为刺激学生学习的动力，活跃学生的思维，增强学生的反应速度，使学生的情绪处于兴奋状态。从这个意义上说，肖恩对学生提出高标准的背后，也采取了诸多努力，让学生的心理感受良好。因此，以肖恩为例来看待高标准，可以为我们解读当下课业负担过重提供一个新的视角。

一方面，肖恩对学生提出高标准，激发学生的学习潜能。通过对学生提出高标准，肖恩激励他的学生认识到他们自己的潜能。肖恩的做法表明，高标准意味着高期待，但这种高期待建立在激发学生潜能的基础上，鞭策学生，刺激学生内心深处的梦想，使他们"跳跳脚摘桃子"。

马里兰州教育官员洛维利高度赞扬肖恩"是马里兰州教育工作者的杰出代表"、"对教育事业充满激情，坚信每名学生都能获得学业上的成功"。洛维利还说："肖恩是一名充满正能量的教师，他鼓励学生设立目标，并朝着这些目标努力。"

马里兰州教育协会主席贝蒂·惠勒对此也深表赞同：

任何在听肖恩谈论教学的人，都能够从他的声音中听出他对学生和专业的激情与努力。在 8 年的教学中，他始终坚信所有学生都能学好，并且始终

坚信只要教师和学生建立起良好关系，学生的学习潜能就能得到最大程度的开发。事实上，肖恩一直通过富有创造性的、风趣的教学，通过与学生建立起融洽的关系，促使学生不断地成长。

另一方面，肖恩对学生提出高标准的同时，让学生充分感受到来自教师的关心。关爱学生并不是一件容易的事，让学生感受到来自教师的关爱更加困难。小学毕业 50 年后，钱理群教授和他的同班同学聚会时，首先想起的就是当年教他们数学的陶强老师，每一个学生都念念不忘陶强老师对自己的爱。钱教授深有感触地说：经过半个世纪的时间淘洗，许多的往事都已经忘却，但有些东西，有些瞬间，却一直留在学生心中，成为"永恒的记忆"。我们或许可以从这里切入，重新理解教师的意义、教育的真谛。

如上所述，肖恩对学生的关心有目共睹。帕塔普斯科高中与艺术中心校长克雷格·里德称赞肖恩代表了教师的最高水平：

肖恩对学生有很深的感情，他把课堂上的学生当作自己的孩子，全力帮助他们克服困难，并鼓励他们努力学习、超越自己。肖恩自己每天也努力做得更好。我们要求教师们关心学生，就像肖恩做的那样。

更关键的是，肖恩将对学习的爱根植于学生的内心深处，并鼓励他们全力以赴实现梦想。肖恩的一个学生课后问他："你觉得我将来做一个老师怎么样？"肖恩问他想教什么学科，学生答道："这无关紧要，我只想像你一样每天那么开心。"沿着舒尔茨老师的脚步，在肖恩的教师生涯中，他也成为了他的学生的守护者，帮助学生实现了他们的人生理想。这种奇妙的传承，也许正是肖恩成为好教师的秘密所在！

2013 美国年度教师：杰夫·夏邦诺

区　　域：华盛顿州

任教学校：泽拉高中

学校类型：乡村学校

学　　科：科学（化学、物理、工程）

学　　段：高中（9～12 年级）

教　　龄：12 年

> **教育箴言**：也许，我们教育的对象有着艰难的家境，但这不是我们可以将他们拒之门外的理由。学校应该是一个可以接纳他们的地方，学校应该成为他们证明自己、获得机会，让他们的人生从此不同的地方。我们最重要的目标，不是事实、数字、图表、程序，而是让学生更好地认识自己，他们的天赋、他们的力量、他们的不足，然后成为更好的自己。

　　2013 年 4 月 22 日，美国公立学校首席官员委员会正式宣布华盛顿州亚奇玛县泽拉社区泽拉高中（Zillah High School）的科学教师杰夫·夏邦诺（Jeff Charbonneau）当选为第 62 届美国年度教师。第二天，在白宫玫瑰

园，杰夫·夏邦诺从总统奥巴马手中接过象征美国年度教师的"水晶苹果"奖杯。

人物素描

服务家乡的美国年度教师

乡村学校招募与留任教师是一个世界性的难题。就我国而言，近年来，乡村教师尤其是骨干教师大量流失已成为一个普遍存在的严峻事实。乡村学校自己所培养出来的骨干教师纷纷寻求机会到城市学校去工作，从而获取更多的发展机会和更好的物质生活条件，乡村学校日益蜕变为"城市学校教师培养基地"。乡村教师的大量流失加剧了乡村师资短缺，使得乡村师资长期处于"贫血"和"失血"的状态。为了提升乡村教师队伍的整体水平，各地出台了一系列相关政策让优秀青年到乡村从教，但结果表明，这些政策短暂地留住了这些青年教师的人，却很难留住他们的心。许多城市青年教师仅把其作为跳板或权宜选择，最终留在乡村的比例极少。

这一现实让本土教师的重要性日益凸显。在很多研究者看来，构建一支稳定的乡村教师队伍，需要发挥本土教师的力量。基于此，定向的乡村教师培养计划日渐盛行。这一教师培养计划的一个假设在于：本土教师更利于乡村教师队伍的稳定，是保证乡村教师队伍"下得去、留得住、教得好"的重要前提。相关研究也显示，在相同的待遇条件下，最可能选择乡村教师岗位且将其作为长期职业的是当地的师范人才。本乡本土的人担任乡村学校教师，具有熟悉乡村学校生活、能够快速投入教学工作等优势。可以说，本乡本土人执教于乡村学校更易于为乡村学校提供稳定的师资。实际上，目前长期留在乡村学校的教师，大多就是本土教师。[①]

---

① 汪明帅.从"边缘人"走向"传承者"——回归乡土的乡村教师发展研究 [J].教育发展研究，2016(8).

2013 年美国年度教师杰夫恰好就是一位地地道道的本土乡村教师。杰夫来自华盛顿州亚奇玛县泽拉社区，社区大部分家庭从事果树种植、饲料加工、畜牧业等农副业，是一个地道的乡村小镇。时年 35 岁的美国年度教师杰夫生于此，长于此。泽拉社区是华盛顿州亚奇玛县最小的社区，仅有 4000 多人口，1000 多名学生，且多半来自低收入家庭。当杰夫获得美国年度教师的消息传到泽拉社区时，这个位于美国西北角的乡村小镇沸腾了。

泽拉高中是该社区唯一的一所高中，也是杰夫的母校，是一所规模比较小的乡村学校。1996 年，杰夫在此毕业，进入中央华盛顿大学（Central Washington University）；2001 年，杰夫获得生物学理学学士学位以及教育硕士文凭。同年，杰夫回到母校泽拉高中，开始了他的教书生涯，执教化学、物理、工程等课程，直到现在。

杰夫决定回到母校教书时，泽拉高中的课程建设还存在很多不足，有些课程甚至没有能力开设，学生不得不到校外辅修；当时学校的各种硬件设施也相当有限，计算机等设备极为匮乏。面对这些糟糕的状况，杰夫下决心要从一点一滴做起，不断改变。

在过去的十多年里，他一直致力于开发 STEM（科学、技术、工程和数学）在教学中的各种可能性，并将自己的努力从自己教学所在的学区逐渐拓展到整个州。最近几年，他还成功地发起了一个"衔接协议"项目，即通过他本人在几所高等教育机构兼职的机会，让泽拉高中的学生有机会获取大学的学分。因为这个"衔接协议"项目，泽拉高中学生的大学入学率有了大幅攀升。

除了不断改进教学，杰夫还努力通过各种途径丰富学生的学习生活。他拉到数额不菲的赞助，用来支持他在泽拉高中创办的"机器人挑战"项目，让学生在拼装机器人的过程中学会学习。可以说，杰夫的工作远非科学教育工作者所能涵括。他的努力和付出，得到了学生、家长、学校同事的一致认可，奥巴马在颁奖致辞中也盛赞杰夫是一位非常卓越的教师。

教书生活

为科学课正名

科学教育对学生全面发展的重要性不言而喻。在 STEM 课上获得的技能，能够帮助学生提高创造力、问题解决能力和交流沟通能力。无论今后从事哪种职业，这些能力对学生来说都至关重要。不过，对科学课的老师来说，往往会面临一个矛盾的局面：科学课的重要性和学生对科学课的畏难情绪并存。杰夫也不例外。

"我一直和一些习以为常的偏见作斗争。"谈及自己教学的动力，杰夫这样说道。在教学的过程中，杰夫发现一些习以为常的偏见无处不在，对科学教学产生了非常不好的影响。比方说，有些学生下意识地认为某些科目是"难学"的，在没有尝试接触和了解之前就本能地排斥这些科目。杰夫说："不少学生一听到'量子力学'，连想都不想，就认为这门学科'太难了'，自己根本'不可能'掌握。"

当然，杰夫也承认量子力学等科目确实比较难以掌握，也很枯燥。不过，难以掌握、枯燥乏味不能理所当然地成为学生学习的拦路虎。所以杰夫特别强调教师要开动脑筋，想办法帮助学生攻克学习过程中遇到的困难。他说："我的使命就是让我的学生用更容易的方式来学习这样晦涩的课程。"为此，他创造性地想出了各种招数，譬如"机器人挑战"项目，就是让学生通过动手组装机器人，在愉悦的氛围中不知不觉地学会艰涩的知识。

如今，在杰夫的教导下，和以往学生对诸如量子力学之类的科学课程感到畏惧不同，越来越多的学生慕名而来。全校 100 名高一学生，超过 60 人报名参加了化学班；全部 80 名高三学生中，有三分之一的学生选择了物理课。这一现象使得学校不得不聘请更多的科学教师，以满足不断增长的学生学习需求。值得一提的是，虽然泽拉学区将近一半学生来自低收入家庭，但

泽拉高中的毕业率却高达 96%，其中很多学生进入大学深造，美国许多经济发达地区都无法做到。

"我努力为 STEM 课程洗刷了污名，"杰夫幽默地说，"以前学生一听到量子力学这样的学科，脑海里立马就蹦出来'太难了''我绝不会碰它'诸如此类的念头，我的任务就是想方设法说服他们，激励他们，让他们相信自己有足够的能力和智慧掌握这些课程。"事实表明，杰夫做到了！面对这种可喜的变化，奥巴马总统也赞不绝口："我有充分的理由建议在未来十年内，我们应该在全国各地再补充十万名数学和科学教师。"

从学生的经验出发

很多老师在工作中悟出了这样的道理：想要学生喜欢自己的课，就必须要从学生的经验出发，在书本世界和学生的经验世界搭建一座桥梁。把书本世界和学生的经验世界打通，可以加深学生的体验，能够激发学生学习的兴趣，还能够把教育教学当中的知识内化为学生的素养。

例如，北京十一学校的历史老师魏勇关于西周时期的宗法制——一种按照血统远近以区别亲属的制度——的教学，就值得借鉴。宗法制距离现在已经有三千多年的历史，怎样让现在的学生充分理解三千多年前的制度呢？魏勇老师从中西姓氏的差异入手，以中国姓氏将姓放在前面突出姓的重要性作为引子，帮助学生理解强调父系血缘关系的宗法制。[①]

从学生经验出发来理解久远的历史，无疑是一种高明的做法。杰夫是科学老师，他结合学生已有的经验，讲解枯燥抽象的科学原理，也非常值得称道。杰夫说：

作为一名教师，我的观点是，要把学生放在绝对优先的位置，所教的内容是第二位的。当学生走进我的教室，我会寻找他们身上积极的一面。我会

---

① 魏勇 . 怎么上课，学生才喜欢 [M]. 北京：中国人民大学出版社，2016:6.

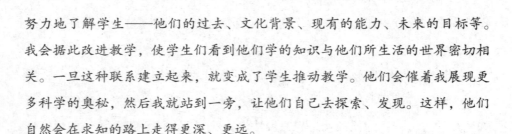

努力地了解学生——他们的过去、文化背景、现有的能力、未来的目标等。我会据此改进教学，使学生们看到他们学的知识与他们所生活的世界密切相关。一旦这种联系建立起来，就变成了学生推动教学。他们会催着我展现更多科学的奥秘，然后我就站到一旁，让他们自己去探索、发现。这样，他们自然会在求知的路上走得更深、更远。

在杰夫看来，从学生经验出发尤为需要注重学科融合。注重学科融合，让学生看到知识之间的内在联系，可以让学生更好地理解知识学习与实际应用之间的关系。杰夫这样说道：

过去几十年来，科学和数学课程的教学方法是在不同的教室里分别传授各自学科的知识，但这些知识是有内在联系的。现在，美国的做法是将科学教育整合起来，叫做"科学、技术、工程和数学"（STEM）教育。其总体思路是将科学、技术、工程、数学一起教授，让学生看到知识之间的联系，例如数学如何影响化学，化学如何影响工程。这样学科融合的教学，能够更好地从学生经验出发。

实际上，杰夫眼中的学科融合，不止于将科学、技术、工程、数学一起教授，还意味着所有学科的相互支持：

我发现，有艺术背景的学生可以画出更好的图纸，文字能力强的学生可以写出更好的设计说明和研究报告。美国在持续增加科学教师的同时，也应该清醒地认识到，每一个领域都需要高质量教育。我们不要忘记，作为教育者，我们的职责不只是培养未来的科学家，而是整整一代人。我不希望看到我的学生走出校门时，了解科学知识，却不了解自己。

为了打通书本世界和学生的经验世界，杰夫将教学从教室延伸出来，将学科教学和现实生活联系起来。杰夫是泽拉高中有史以来第一位教授机器人

课程的老师。把机器人带入课堂，和杰夫教授科学课的经历有关。杰夫这样解释道：

在数学课上，当你让学生学习方程式，他们往往会抵触地说："我们为什么需要知道这个？"在物理课上，学生也会反问老师："我们学到的这些知识到底有什么用？"很多时候，学校所开设的课程更多的是教师用讲授的方式传递抽象的学科知识，而没有给学生提供机会去探索这些学科知识和现实生活的关联，没有让学生动手参与知识的创造过程。

杰夫说："永远不要等到学生去质问'我学的这些东西有什么用'。作为教师，你在教学中需要展现所教知识和实际生活的关联性，将所学知识与实际联系起来。"于是，杰夫萌生"让知识在生活中看得见"的想法，而机器人恰好就是一门将理论、技能和实践有机结合的课程。参与年度教师评选的凤凰城大学教育学院主任梅莉迪斯·克里对杰夫的这一做法赞不绝口：

杰夫为学生提供了互动的学习经历，使他们不仅仅能学习知识，还能收获自信。因为看到自己所学的知识用于解决现实世界中的诸多问题，这十分有助于学生自信心的建立。杰夫是真正的教师领袖，他对教学的投入能让学生终身受益。

为了从学生实际出发，除了致力于传播科学的火种，杰夫还担任很多学生社团的顾问，比如戏剧社团、科学社团，等等，以便让学生在丰富多彩的课余生活中开发潜能。"帮助学生发现个人潜能是教师最重要的任务。"杰夫解释说。他希望学生走出校门时对自己有更多的了解，对学习的过程有更多的了解，而不是仅仅在脑子里塞满了"电子"这样的知识。他相信，在强调科学教育的同时，必须让学生发现知识的力量，成长为自信的人。

增加科学课程的趣味性

杰夫还特别强调要增加学科教学的趣味性，以此激发学生学习的兴趣。

学科的趣味性，往往产生于学习的过程之中，这就要看教师怎么教。我们可以看到，两位教师教同样的内容，一个能上得妙趣横生，学生学得津津有味，另一个则索然无味，学生全程无精打采。

为了增加科学课程的趣味性，杰夫指出，首先教师要帮助学生树立自信心。他认为自信是他童年时得到的最珍贵礼物。在杰夫看来，和学习知识相比，让学生树立信心更为重要。杰夫说："学生不爱学习科学，主要是学生的自信心出了问题。我确信，只要拥有机会、支持和信心，每一个学生都能学好科学。我就是要让他们知道，不要被一些习以为常的观念束缚，他们可以飞得更高。"

其次，教师要有足够的能力来说服学生，让学生知道学习需要直面的勇气，需要静下心来认真对待，所有学科都不例外。在他看来，这是教师工作的重要组成部分："这就是我的工作，说服学生，让他们相信自己足够聪明，可以做任何他们愿意尝试的事情。"杰夫每天在迎接学生进入课堂的时候，都会重复自己欢迎学生的口号——欢迎再次回到天堂。（Welcome back to another day in paradise.）杰夫不厌其烦地告诉学生，天堂不是被发现的，而是需要大家一起来建造和维护，使之不断趋向完美的。这就意味着辛勤的付出，面对逆境的坚韧，还有积极进取的人生态度。在这样的世界里，我们需要和诸如"做不到"、"太难了"、"不可能"之类的词语彻底告别。

杰夫自信地说："将课堂变成师生共同打造的学习天堂，已经成为了我的教学理念。我坚信，想要成为一名卓越教师，就必须能够和学生一道创造出这样的学习天堂。"

作为美国年度教师的一项特殊使命，杰夫用了一年的时间在美国国内及世界各地做巡回演讲。2013年9月16日，在"人民对人民"项目的促使下，杰夫一行来到西安高新第一中学，为该校80余名高二学生上了一堂别

开生面的"机器人"公开课。这堂课充分展现了杰夫在增加科学课程趣味性上的努力。

在高新一中多媒体教室的讲台上,杰夫正绘声绘色地向学生们讲授"机器人"入门课程。突然,他脱掉自己左脚的皮鞋,放在鼻子前闻了闻,又把它放在了讲台地板上。杰夫的动作引得大家哄堂大笑,在场的人不禁都好奇了起来:"他到底是想要干什么呢?"紧接着,杰夫又向在场的人发出邀请:"谁愿意像我这样,把一只鞋子脱下放在这里?"六七名同学纷纷跑上讲台,把自己的鞋子摆成一排。课堂气氛顿时变得活跃了起来。"机器人的工作原理,首先是分辨 yes or no,"杰夫解释道,"比如,我现在发出'鞋子是不是黑色'的疑问,机器人就会自动把黑色的鞋子归成一类,非黑色的鞋子归成另一类。这就是它工作的方式。"杰夫用生动易懂的方式帮助同学们理解看似艰涩的知识点,让他们轻松地理解掌握。一堂 45 分钟的课程,在各种各样有趣的互动里很快就结束了。

这样的课堂让学生感到很兴奋,高新一中高二 10 班的宗泽方同学在接受记者采访时如是说:

传统的中国课堂,实验与专业知识点的学习是分开的,我们往往是先学知识点,再动手做实验。而今天杰夫老师的课程让我体会到了全新的美国教育模式,实验与理论学习同步进行,让我感到既新颖又有趣。

这次来到高新第一中学,站在最喜爱的讲台上,杰夫与学生们分享了机器人的理念。他通过启发式的引导,告诉学生如何创造性地使用电脑程序制造具有实用价值的机器人。杰夫说:"我想通过我的课程告诉学生,制造机器人并不是一件很难的事情,我们可以把它想得容易一些。"①

---

① 让科学不再枯燥——2013 美国国家年度教师访高新一中 [EB/OL]. http://edu.hsw.cn/system/2013/
09/17/051758369_01.shtml.

相信教师的力量

作为一名家长，奥巴马总统喜欢从家长的角度发掘教师无可替代的魅力：

父母都知道，第一次将儿子或者女儿送进学校，这是一件很难的事。当轿车或校车的门"砰"的一声关上的时候，我们的心都会不由自主地跳动。有人就曾这么说过，父母就意味着你的心在你的身体外面游荡。而正是这些教师，我们将孩子托付给他们，他们爱着我们的孩子。

事实上，奥巴马总统的这番感慨和 2013 年美国年度教师颁奖典礼前夕的校园枪杀案有关。2012 年 12 月 14 日，美国康涅狄格州一所小学发生校园枪杀案。在这起惨案中，为了保护学生，教师们再一次挺身而出，不惜牺牲自己的生命。据报道，27 岁的一年级教师韦琪·索托为了救学生而献出了生命。韦琪让学生躲进壁橱中，当枪手进入教室的时候，她挡在学生躲藏的壁橱前，不幸被打死。"在这样的危急中，她做出如此选择，我一点都不惊讶。"韦琪的舅舅说，"她从小就想当老师，学生在她心中最重要。我很为她自豪，危急时刻凭着直觉保护了学生。"

对这样的举动，奥巴马总统动情地说：

几个月前，我们再一次见证了教师对学生的承诺和深切的爱——六名教师就像保护着自己的孩子一样为了保护自己的学生而被杀害。有老师将她一年级的学生藏在浴室里并低声地说"我爱你们"，因为，用她的话来说，"我希望这句话是他们最后听到的声音，而不是枪声"……在那些艰难的日子里，这些勇敢的教师向世界表明，他们每天所做的绝不仅仅是教育儿童，他们还用温暖的手臂拥抱他们，鼓励着他们，爱着他们。我们都知道，我身后这些教师也都是如此！

　　奥巴马总统所说的"我身后这些教师"，就是参加 2013 年美国年度教师颁奖礼的各州年度教师，当然也包括杰夫。奥巴马总统此言不虚！杰夫就是这样的老师！杰夫竭尽所能，为他的学生奉上最好的教育。他深知教书的工作绝不仅仅是教一门课程诸如阅读或化学那么简单，教师每天所做的也不仅仅是用数字和图表填满黑板，还需致力于激发想象力，培育同情心，锻炼耐力，塑造性格，教学生学会合作和克服障碍。

　　当选为美国年度教师后，杰夫曾在全美教育协会的一次活动上，发表有关"公立学校教师和教育改革"的演讲，呼吁教师们要相信自己的声音和力量。在杰夫看来，教师个体的力量也许很微不足道，但正是一个个教师力量的汇聚，成为学生最坚实的依靠：

　　请不要怀疑你的声音所具有的影响力。太多时候，我们感觉自己的声音如同沧海一粟，但是请不要忘记，没有每一个个体发出的声音，就不会形成振聋发聩的浪潮。

　　不管我们是否意识到，学生的学业成功确实依赖于我们这些每天面对他们讲话的成年人。身为教育者，我们除了激发他们的进取精神之外别无他法。这种精神不仅仅是今天课堂和学业成功所需要的，而且关系到将来他们走出校门以后的成功。

　　杰夫坚信，教师的力量体现在每一个学生的成长上，尤其体现在对处境不利学生的帮助上：

　　也许，我们教育的对象有着艰难的家境，但这不是我们可以将他们拒之门外的理由。学校应该是一个可以接纳他们的地方，学校应该成为他们证明自己、获得机会，让他们的人生从此不同的地方。我们最重要的目标，不是事实、数字、图表、程序，而是让学生更好地认识自己，他们的天赋、他们的力量、他们的不足，然后成为更好的自己。

　　另外，杰夫在演讲的时候，还特意强调，越是在危难的时刻，教师越是要相信自己的力量，越是要彰显自己的力量：

　　我们不应屈服于"教育失败"的观念，而是应该庆祝我们为了提高教育质量而取得的进展。尽管当今社会对教育有着诸多批评和不满，但事实上，全国各地的老师和学生也取得了不计其数的成就。我相信，我们所做的事情远远超过了10年前、20年前、30年前的同行，我承认我们有很长的路要走，但同时也应该看到，我们已经有了长足的进步。

　　学校可以得到持续的改进。所有教育工作者应该积极跟上改革的步伐，并且拒绝让我们的信心不断流失、让社会感到学校教育失败的消极主义。很多人，他们通常占据着有影响力的职位，常常用歪曲和狭隘的观念来代替真实发生的教育。

　　教室实际上就是一个社会的缩影。我知道什么样的方法在我的教室里奏效。我知道，如果我对学生说积极的话语，如果我欣赏他们，表现出对他们的尊重，那么他们会为我做很多事情。我知道，最好的激励办法是先肯定他们做得好的地方。每一位教师也都是独特的个体，也有自己的需求、背景和能力。我们国家的教育系统难道不应该以同样的方式对待老师们吗？

　　让我们像对待课堂一样对待我们的教育——承认教师们为公立教育做出的卓越贡献，然后说"好的，我们还有更多工作要做"。美国教育面对的学生有各种不同的能力和背景，教师的职责是不管环境如何，都要确保他们获得成功。这是绝对值得肯定的美好信念。让我们从这里开始，然后我们再来谈如何加速使学校成为"学习者的天堂"。①

---

① 高靓. 与美国国家年度教师面对面 [M]. 福州：福建教育出版社，2014:21-23.

卓越之道

激发学生学习兴趣

兴趣，是人皆有之的一种心理现象，广泛存在于学习和工作等现实生活中。兴趣对儿童的发展具有重要价值，它是促进儿童学习的重要动力，是保证儿童有效学习的重要条件。一段时间以来，关于学生兴趣的教育价值已经得到了国际教育界的广泛认同，开展基于儿童兴趣的教育也已成为国际教育的趋势。关注学生，尊重学生的天性，增加学科教学的趣味性，一直都是变化的教育改革中不变的题中之意。

从 20 世纪开始，人们就对传统教育展开系统的反思。杜威"实验学校"的手工劳动，给寻找新的路径的人们提供了灵感。传统教育主要关注教师"怎么教"，而"实验学校"则基于学生已有经验，通过激发学生学习的兴趣，把"教"的活动变成学生"学"的活动。在这一过程中，兴趣成为一个关键词。

激发学生学习的兴趣，说起来容易，但做起来难。人们日益认识到，激发学生学习的兴趣，与如何认识兴趣有关。和以往将兴趣简单理解为愉悦不同，越来越多的研究者开始意识到兴趣和努力的关系，并提炼出兴趣的两个关键要素："衷心喜悦"与"全力以赴"。首先，一件事情能够引起某人注意，本能地产生好感；其次，由于认清其价值而集中注意，全神贯注、专心致志于某种活动。

2013 年美国年度教师杰夫·夏邦诺可谓激发学生学习兴趣的高手，他在教学中的一些做法让人印象深刻。

为了激发学生学习的兴趣，杰夫极力主张给学生一个全新的开始。这也是杰夫反对不少教师习惯给学生"贴标签"的一种抗争：

　　我说过，老师要了解学生的过去，这是为了清楚他们的长项和弱项。开学第一周，我从不看学生过去的成绩单。我对学生的第一印象来自他们的课堂表现。经过这个重要环节，过去的成绩才能作为我指导学生的参考。这个方法经过了实践证明，现在我的科学课上表现最好的学生，往往过去并不是最优秀的。

　　给学生一个全新的开始，可以让学生摆脱过往的束缚，重新出发：

　　我的学生中有些很有科学天赋，有一些仍在努力提高，还有很多学生在抽象的化学、物理概念中痛苦挣扎。对于有困难的学生，我发现老师们常见的说法是，"这很简单，你就这样做……"我理解，老师们这样说，本意是给学生减轻压力，但是效果却恰恰相反，学生越来越没有自信。所以，我采用不同的方法。我会顺着学生，承认这部分内容很难，这样做会让学生有面对失败的心理准备。接下来，我们需要教会学生遇到难题不要逃避，而是鼓起勇气。

　　老师给学生贴标签的现象非常普遍：刚接手一个新班，科任老师就忙不迭地"摸底"，学生一旦"摸底"考试成绩不好，就被贴上各种标签。杰夫的做法，可以给这类教师提供一个参考。

　　此外，杰夫希望各位同行意识到错误的重要价值，在错误中发现激发学生学习兴趣的契机：

　　如果在判作业的时候，简单指出学生做错了，他们的情绪肯定会非常低落。于是，我换了一种方式，在学生的错误中发现有价值的东西——挑出他们做得好的地方。例如，哪里运用了先前所学的知识，哪里创造性地解决了问题，即使结果错了也值得肯定。这样做最直接的效果是，学生害怕失败的恐惧感会大大减少，自信心有所提高。最终，学生懂得，积极探索、创造性地解决问题、有兴趣深入了解这个学科是更重要的。

当教师这样处理学生的错误时，学生更容易和教师建立信任的关系。如此一来，学生一旦遇到问题或者困难，就可以随时向教师求助，求助的过程也是建立信任的过程。杰夫高兴地说："现在，我的学生无论遇到什么困难，都会向我求助，因为我们之间互相信任。"

在白宫玫瑰园，奥巴马总统授予高中教师杰夫·夏邦诺 2013 年美国年度教师称号时，如是说道：

大家都知道，我对教师一直都心存敬畏，我的妹妹就是一名教师，我的妈妈也曾教过白人孩子。对我们国家的教育工作者，于我而言，再多的感激都不过分。所以，今天我们有这样的一个机会去表达我们内心的感激，正是这些教师，让我们的孩子和我们的生活变得如此与众不同。

为了凸显杰夫的卓越教师品质，在说完上述一番话后，奥巴马还特意设计了一个"小插曲"——对杰夫·夏邦诺进行一个简短的访谈：

奥巴马：你认为我说的对吗？杰夫？

杰夫：杰夫·夏邦诺。简直太对了啊！

奥巴马：夏邦诺……

杰夫：夏邦诺来自泽拉中学。

奥巴马：哦，来自泽拉中学（作恍然大悟状）。这就是为什么你是一名卓越教师的原因了（众人笑）。

不难发现，奥巴马总统特意通过这样一个小对话，揭示了杰夫作为卓越教师的一个重要特质——站在学生的角度思考问题，鼓励学生，并在学生迷茫的时候及时施以援手。建构主义认为，知识是学习者自己建构的，在学习者建构知识的过程中，教师的作用不可或缺，但主要起激励和引导的作用。因此，教师必须舍得花时间和精力与学生建立积极正面的关系，从而最大限

度地发挥激励和引导作用，激发学生学习的兴趣。一旦教学中孕育着这些品质，教师就能如一个真正的"人"那样有所作为，而不是一个冷冰冰的必修课程的化身，或一根干巴巴的将知识传递给下一代的运输管。

对于像杰夫这样的卓越教师，奥巴马总统向来不惜溢美之词：

正如杰夫所指出的那样，一名教师的"最伟大的成就在于每一次激发学生，让他们相信自己具备无限潜力"。我可以打赌：任何人——在这里的每个人都能记得这样一个类似的时刻——教师帮助我们发现自身所存在的这样一些火花，然后星火燎原，照耀我们的人生之路。我们一直相信，在我们还是学生的时候，我们也许并没有发现自己的优势所在，而这些特点都没有逃过老师的眼睛。

杰夫做到了；和杰夫一样，我身后的每一位教育工作者也都做到了。……他们塑造年轻人的品德，教孩子们学会合作和克服障碍。所以今天，我们对献身于教育事业的专业工作者们致以最崇高的敬意。

2012 美国年度教师：瑞贝卡·莲·米勒沃基

区　　域：加利福尼亚州

任教学校：卢瑟·伯班克中学

学校类型：郊区学校

学　　科：英语

学　　段：初中（7 年级）

教　　龄：14 年

教育箴言：我坚信教师必须对学生的成功负责，无论是帮助他们达到个人和学校的学习目标，还是帮他们在地区或州的学业水平测试中取得成功。我们的学生是我们的未来，因此教师必须尽全力去鼓舞他们，引导他们走向成功。

　　2012 年 4 月 23 日，美国公立学校首席官员委员会正式宣布，来自加利福尼亚州洛杉矶县中部城市伯班克的 7 年级英语教师瑞贝卡·莲·米勒沃基（Rebecca Lynn Mieliwocki）荣获 2012 年美国年度教师的称号。4 月 24 日，与其他各州年度教师一道，瑞贝卡在白宫接受了来自总统的表彰。

人物素描

加利福尼亚州第七位美国年度教师

瑞贝卡是伯班克统一学区卢瑟·伯班克中学（Luther Burbank Middle School）的 7 年级英语教师。伯班克中学是一所郊区学校，能容纳 1100 名 6～8 年级的学生。瑞贝卡有 14 年的教龄，在现在的工作岗位上已经工作了 9 年。值得一提的是，瑞贝卡是加利福尼亚州第 7 位美国年度教师获得者，而距上一位获奖者的时间正好是 10 年。

瑞贝卡成长于教师家庭，但起初她并没有想过要当一名教师。在诸多行业兜兜转转，瑞贝卡终于响应内心的"召唤"，成为一名教师。她的成长经历和诸多行业的工作经历，为她的教书生活打下了扎实的基础，让瑞贝卡在迈向卓越的路上一路前进。

瑞贝卡的当选是众望所归。在很多人看来，如果优秀的教师是带领学生学习、探索和创造的艺术家，那么瑞贝卡就是教师中的毕加索；如果课堂里教师对学生成就的影响是无可取代的，那么瑞贝卡则让学生的生命从此不同。伯班克中学校长布莱恩·欧洛克说："见证瑞贝卡·莲·米勒沃基荣膺年度国家教师，对我们来说是巨大的荣幸。她对孩子的热诚和对教育艺术的精通，不断提醒我们当初选择教师职业的意义之所在。""人民对人民大使"项目（People to People Ambassador Programs）主席佩格·托马斯说："在'人民对人民大使'项目中，我们依靠卓越教师为全球的学生提供难以置信的学习经历，这就是我们如此激动地向 2012 年美国年度教师表示尊敬的原因。瑞贝卡·米勒沃基让学生对课外学习产生难以置信的喜爱。她和今年所有的年度教师证明，我们有世界上最好的教师。"CCSSO 的行政主管吉内·维尔霍耶特也不吝溢美之词："瑞贝卡是真正天才的教育者，她是学科知识和教学法完美融合的大师，为教师树立了新的标杆。"

教 书 生 活

成长在教师家庭，但起初并不想当教师

瑞贝卡出身于教师家庭，父母都是在公立学校工作30多年的老教师。瑞贝卡小时候经常去看爸爸妈妈上课，有时候也会模仿一下。不过，瑞贝卡起初并不想成为一名教师，没有打算像父母那样"在教室里书写自己的人生"。

瑞贝卡回忆说："那时我很叛逆。大家都知道，一个人在18岁的时候总是希望做一些与众不同的事情。"于是，瑞贝卡尝试了诸多不同的工作。毕业于加州州立理工大学法学院的她，最初想当一名律师。后来，瑞贝卡进入了出版行业，成为一家教科书出版公司的项目协调员。再后来，她还做过花饰设计、活动策划等工作。

对于这段往事，在美国年度教师颁奖礼上，奥巴马总统在发表致辞时也特意提及：

大家也许会说，教育的天赋隐藏在瑞贝卡老师的基因中，因为她的父母都曾在公立学校任教过。她亲眼目睹父母工作的辛劳，看到他们为工作耗费了太多的时间和精力，真切地感知到他们对学生的无私付出。不过，当她18岁的时候，她最不想做的事情就是当一名教师。青少年会想做他们的父母正在做的工作吗？因此，她去了法学院。大学毕业之后，她尝试过很多工作。在成为一名律师之后，她曾从事出版、花饰设计和项目策划工作。但是最后，她发现自己应该回归课堂，她的学生也因此幸运地和一位好教师相遇。

对于自己兜兜转转的工作经历，瑞贝卡这样解释道："如果你能看到我的内心，你就会发现里面住着一个十几岁的小孩。我就像小孩一样，对周围

的世界充满好奇。"

响应内心的"召唤"，成为一名教师

不同的工作经历，让瑞贝卡开始思索到底什么是适合自己的工作。她说："我用了一些时间确定我想要的'合适'的工作标准：有创造性、有意思、灵活性强、工作稳定、与年轻人一起……"这些工作标准交织在一起，"教师"这两个字逐渐清晰起来。这时，瑞贝卡的丈夫对她说："你应该成为一名教师，这是你的灵魂、血液和 DNA 里的东西。"于是，瑞贝卡就成为一名教师。

"只有当我们真正感受到教育作为一种召唤而激起活力和深受鼓舞时，我们与孩子的生活才会有教育学的意义。"在《教学机智——教育智慧的意蕴》一书中，作者范梅南赋予了"calling"（召唤）教育学的意蕴。[①]很显然，瑞贝卡也十分认可"召唤"对于一名好教师的重要意义。实际上，正是因为响应内心的召唤，瑞贝卡才义无反顾地投身于教育事业。"教书是我的DNA，教师就是我本应该的样子，"瑞贝卡说，"教书一直是一个召唤，虽然我没有立即进行回应，但是我最终响应了这个召唤。"

至今她依然清晰地记得当初她找工作时的场景："我刚刚拿出简历，来到第一个招聘台时，招聘工作人员就承诺给我一份工作。那些工作人员异口同声地说：你应该和我们一起工作。"这些招聘人员就是伯班克的教师。这让瑞贝卡很惊讶，觉得有点突兀，她甚至想拒绝："也许，我应该再看看其他招聘，看看还有什么更适合我的岗位。""不，我们希望你能在伯班克工作。"就这样，瑞贝卡与教师职业结缘，来到了伯班克，并且很快就认识到"没有比教师更高尚的职业了"。

---

① [加] 马克斯·范梅南 . 教学机智——教育智慧的意蕴 [M]. 李树英，译 . 北京：教育科学出版社，2001:52.

像孩子一样，才能更好地理解孩子

像孩子一样，才能更好地理解孩子。此言不虚！我们相信，卓越教师的类型有多样，成为卓越教师的途径也有许多，而像孩子一样，站在学生的立场看待教育教学是诸多卓越教师的共性。全国知名教师张思明就有着类似的体验。在其著作《用心做教育》中，他这样写道：

做教师以后，我常把自己这个"犯傻"的故事讲给学生听。身为老师，我从不嘲笑孩子们的无知，因为我也曾经"傻"过。对学生的宽容与理解，使我在学生身上发现"傻"和"执着"往往是相通的，有股子"傻劲"的学生身上常常也会有难得的执着品格。[①]

对瑞贝卡来说，这样的性格，为其教育工作带来了诸多便利。在人们眼中"不好对付"的叛逆少年，在她眼里就是有着旺盛精力和热情的小伙伴。"我工作的重要方面就是为他们旺盛的精力套上'缰绳'，让他们朝着学习的方向前进，成长为适应 21 世纪需要的交流家、思想家和问题解决能手。"瑞贝卡也将自己和学生打成一片的秘诀归因于自己的性格："有谁能比一个清楚他们是谁，欣赏他们的奇怪、天马行空的人，更适合教这些十来岁的孩子呢？"

对付调皮的孩子，她也很有一套。"有的孩子会想尽办法将你想要谈论的话题引向别处，我会先让他们以为我真的'上当'了，但他们不知道的是，我曾经像他们一样离经叛道，他们用的伎俩都是我尝试过的。"瑞贝卡不无得意地大笑着说，"然后我会猛然回击，让他们措手不及，最后又成功将话题拉回正轨。"

《广州日报》记者何涛在采访瑞贝卡的时候，问她如何看待调皮的学生。

---

① 张思明. 用心做教育 [M]. 北京：高等教育出版社，2005:3.

瑞贝卡这样说道：

在儿童时代，我是一名坏学生，很调皮，因为我讲话太多了。我现在能成为一名好教师，有很多办法面对不同的学生，因为我曾经就当过最好的学生和最坏的学生。我了解自己，也了解这样的孩子。[①]

当有人询问瑞贝卡"遇到我行我素的学生怎么办"这一问题时，瑞贝卡这样回答道：[②]

作为一位老师，你去上课的时候，你做了充分的准备，你认为你什么都准备好了，但是当你真的踏入教室的时候，你的学生就像台风一样突然来临，让你发现你是没有完全准备好的，那你可能要做的是享受这场暴风雨。

和诸多卓越教师一样，瑞贝卡也坚信卓越教师是由学生来定义的，卓越教师必须对学生的学习负责。对于教师这个职业，瑞贝卡心怀敬畏："我不是一个完美的人。我的课堂有时候很混乱，学生也有调皮的时候。有时，无论我多么努力，学生还是不想学习，这时我会很沮丧。当老师要接受这个现实，倾注很多努力，学生可能还是做得不好。"

对学生充满信心

瑞贝卡与中国观众特别有缘，多次受邀来到中国。2012 年 9 月 10 日教师节当天，瑞贝卡在北京师范大学为广大师生作了题为"教学第一年：生存与发展"（"Your First Year: How to Survive and Thrive!"）的讲座。在讲座中，瑞贝卡首先从她自己十余年前所经历的课堂事件入手，生动形象地向同学们介绍了新教师入职后可能遇到的问题。随后，她分别从课前、课中、课后三

---

① 何涛. 专访"美国年度教师"：想赚钱别当老师 [N]. 广州日报，2014-10-16.
② 美国最棒教师中国问道·问诊篇 [EB/OL].[2015-3-7]. http://www.jiangnan-edu.com/shownews.asp?id=432.

个方面分享了 11 条"妙招"，包括在课堂中要注意观察学生，要与学生合作并成为朋友，要认识到教育不仅仅是拿到高分，还需引导学生全面发展。①

　　2014 年 9 月 23 日，在由上海教育报刊总社主办的"美国国家年度教师中国行"活动中，瑞贝卡也应邀来到中国。有不少观众询问瑞贝卡的卓越之

瑞贝卡在北京师范大学作讲座

道，她说："我有非常坚定的教育学生的热情，我对学生的未来是没有底限地绝对相信，我对于我自己每天做的事情是充满渴望的，我对我学生的未来也都充满希望，并且我有坚定的信念，相信我所教出来的学生有一天一定会改变这个国家和世界。我们现在所教的每一个学生，他们未来都可能是这个国家，包括这个世界的领导者。所以每当我想到这些，就会走进我的教室，去努力把我该教的东西教好。这就是为什么我被选为国家最好的教师。"②

　　相信自己的学生，站在学生的立场，这些抽象的表达，在瑞贝卡这里，化为实际的行动。

　　比如，瑞贝卡知道，自己最喜欢的老师就是那种葆有童心的老师。"在我上 6 年级时，我遇到了一个老师，他的名字叫卡里森。有一天，一个名叫宾的同学叫我的绰号，当时我的心情很差。我跑到教室找到卡里森，对他说：老师，你要惩罚宾。卡里森笑着说：你可以惩罚他，还等什么呢，干脆来审判他吧。后来，卡里森搬了一张桌子放在教室前面，然后说：你是一名辩护律师，我也是一名辩护律师，让我们来辩论一下惩罚这名学生的理由是

① 美国年度教师大奖获得者 Rebecca Lynn Mieliwocki 来我院讲学 [EB/OL]. http://www.sfll.bnu.edu.cn/contents/927/3951.html.
② 美国最优秀的教师是这样上课的 [EB/OL].http://mt.sohu.com/20140925/n404641637.shtml.

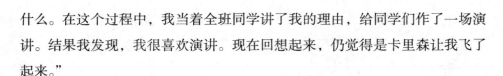

什么。在这个过程中，我当着全班同学讲了我的理由，给同学们作了一场演讲。结果我发现，我很喜欢演讲。现在回想起来，仍觉得是卡里森让我飞了起来。"

比如，在课堂上，瑞贝卡经常让学生讲述自己的故事，用学生的故事来激励学生。瑞贝卡知道，这些来自同学的故事，可以产生强大的力量。班上有一个叫瑞恩的男生，每天都穿着同一双球鞋上学，同学们笑他，认为他家里穷买不起鞋。后来瑞贝卡才知道，瑞恩脚上有一块伤疤，这双球鞋是他父亲去世前特意买给他做纪念的，也只有这双球鞋能遮挡住他脚上的那块伤疤。于是，瑞贝卡让瑞恩在课堂上与同学分享了自己与父亲的故事，这让全班同学深受触动，改变了对瑞恩的看法，也认识到尊重他人的重要性。

比如，瑞贝卡清楚地知道，相信学生，站在学生的立场，就是要尊重学生的个体差异。瑞贝卡说："不是每一个孩子的学习方式都是一样的，不是每个孩子都是生活在同样的现实中的，也不是每个孩子在学一个东西的时候都是这么快的，所以我们要通过灵活多样的课程设计，对他们展示足够的尊重和爱。我们班上的学生语言、文化背景、学习能力都不同。一个班 35 个孩子，就有 35 种不同的性格。要问候每个学生，倾注关注和爱心。要了解每个学生的家庭环境，对于那些家里穷、家庭破裂的孩子，需要用专业的方法，用最有尊严的方式对待他们。"

比如，瑞贝卡深知，成绩不好、行为不端的学生更需要来自教师的帮助。"班上有一名男生偷东西，要被送到校长室。我鼓励他改过。我说，这个班上有你的同学和朋友，我一定会让你留在这个班上。班上还有一名男生是后进生，是我重点关注的对象。我与他一起吃午餐，每天看他作业做完没有，就像一个阴魂不散的幽灵每天督促他。最后他的成绩达到了 A 和 B，有了很大进步，我想这是对老师最欣慰的回报。"[1] 瑞贝卡感慨地说：

---

① 何涛. 专访"美国年度教师"：想赚钱别当老师 [N]. 广州日报，2014-10-16.

你要记得你自己同时是一个学习者，孩子也是一个学习者，你在与孩子进行你的工作时，他们只是孩子。你需要发挥他们最大的潜力。你要知道他们为什么有这样的行动，是什么在背后驱使他们这么做，然后引领到你想让他们发展的方向上。你应该爱孩子，与孩子一起哭一起笑，要以孩子为中心，让他知道你是一个真实的人，尽最大的努力帮他，同时在这个过程中欣赏彼此。

激发学生学习的热情

对于学生的学业，瑞贝卡一直非常上心。瑞贝卡说："我坚信教师必须对学生的成功负责，无论是帮助他们达到个人和学校的学习目标，还是帮他们在地区或州的学业水平测试中取得成功。我们的学生是我们的未来，因此教师必须尽全力去鼓舞他们，引导他们走向成功。"在她看来，对学生学习负责，最关键的是要激发他们学习的热情。因为只有当学生最有热情、最投入的时候，他们才能学得最好。"课堂教学最重要的不是学科层面的知识，而是用爱与孩子建立一种亲密的关系。正是这种亲密关系，使一切教学的技术难题获得冰释。"实际上，瑞贝卡以善于鼓励和激发学生学习的热情而出名。她经常使用苏格拉底提问法来刺激学生的批判性思维，以此激发学生学习的兴趣；她也会创设各种情境，吸引学生好奇的目光。

在瑞贝卡看来，教师要学会表扬。现在的年轻一代最需要的不是批评，而是表扬。因此，教师要善于发掘学生身上的优点，公开进行表扬，同时不要忘记倾听和分享。她会用一些小技巧让课堂变得刺激而有趣。在瑞贝卡的课堂上，孩子们总能收获一些出其不意的小惊喜——她将班上学生的姓名做成扑克牌，抽到谁就由谁来回答某个问题或者朗读某篇文章；她的讲台上放着一个旅馆服务铃铛，回答正确的学生就会听到"丁零"一声。

瑞贝卡告诫教师们要注意教学内容的趣味性："如果一名教师讲的课连

他自己都感到无趣，就别提学生了。授课时，教师应该调动学生的积极性，准备一些有趣的情景剧，让他们加入到课程中来。"就拿一堂语法课来说吧。这堂课的主要学习内容是相当枯燥的反身代词（如 ourselves 等）。不过，因为瑞贝卡的出色教学，这些 7 年级的学生深深地被课堂所吸引。瑞贝卡绷紧肌肉，转动着想象中的排球，呈现出反射作用和加强作用的形象，以帮助学生更好地掌握使用这些词语的规则，学生被她滑稽的样子逗得哈哈大笑（如上图）。

在瑞贝卡的课堂中，学生十分投入。"最近，她根据一本流行小说《饥饿游戏》，举办了一次写作比赛。她班上就有一个学生写了一篇小说，开头就有 72 页。她能够让孩子的潜能最大化。她对孩子的热情和对教学艺术的掌握提醒着我们为什么去教书的一切理由。"伯班克中学的校长布莱恩·欧洛克说。在他看来，瑞贝卡对学生学习兴趣的激发、对学生学习的关注，有着超越课堂本身的意义："瑞贝卡·米勒沃基鼓舞着她的学生，鼓舞着我，鼓舞着加利福尼亚州的每一位教师。对于所从事的教学工作，她奉献出了巨大的能量，付出了满腔的热情，保持着乐观的态度。在她看来，没有哪一项工作像教书那样富有挑战性，并对我们的生活产生至关重要的影响。"

培养学生的创造力

非常的教师，一般都有着非常的教学理念。瑞贝卡特别强调培养学生创造力的重要性。为了培养学生的创造力，瑞贝卡在课堂上也想足了办法。瑞贝卡相信，教师要富有创意，这样就不会一成不变地进行教学，学生每次进到课堂都会很兴奋，有新期待和新收获。

瑞贝卡的作业布置就极富想象力。面对五花八门的作业类型，她的学生

充满好奇。对此，瑞贝卡得意地说："很多学生都不愿意做作业，但是我敢肯定，当我要求他们去制作一本'书'，设计一个脸谱网的网页，写一个剧本，或者编制一个填字游戏的时候，他们都会兴趣盎然。"

奥巴马总统这样评价瑞贝卡：

在瑞贝卡老师的班上，学生除了可以学习相关的英语知识，还有机会把他们改编的欧·亨利短篇小说拍成电影。他们与当地的一位作家一道创作了五分钟短剧，然后由专业人员进行表演。瑞贝卡老师还带着她的学生实地考察了科技中心、水族馆、唐人街，甚至包括洛杉矶的化石博物馆。那是一趟你真的不想错过的旅程。

瑞贝卡将课堂拓展到校园之外。生活有多丰富，课堂就有多丰富；世界有多广阔，"书本"就有多广阔。

另外，瑞贝卡会创造诸多机会，让学生展示自己的学习成果，激发学生学习的热情。瑞贝卡说：

作为一个学生，他接受知识的途径有很多，所以让学生展示他是如何学习的也是非常重要的。在我的课堂上，我会给学生提供很多机会，让他们展示对课本、课堂的理解。比如说我班上有30个学生，我给他们每人一张白纸，可能有人交上来的是卡通画，有人写的是故事，每个人都有不同的作品，但是他们的作品一定展示了他们的兴趣。整个教学年度里，我会不断观察他们迸发出的小火花，并且不断地去激励他们做这样的事情，与此同时我也会鼓励他们看到其他的东西，让他们有更全面的知识。

为了培养学生的创造力，瑞贝卡还特别注重学生在课堂的参与度，培养学生独立思考的习惯。"我的课堂里，学生有很高的参与度。一节课，通常我只讲10分钟，其他时间让学生自己分享。我会采取抽扑克牌的方式，让学生随机抽，抽到指定牌的同学就会分享自己是如何理解相关知识的。有

时，我会故意给学生们出有挑战性的题目。比如，学校的小卖部一直是亏损的，能否发明一些产品让小卖部扭亏。这时他们就要考虑产品设计、定价、推广等一系列问题了。课后，我也会给学生布置很多作业。我希望通过作业强化我想让他们学到的东西。"

瑞贝卡老师深知，教育始于家庭，家长担负着教育的重要责任。所以，她主持家庭晚会，让学生的家长参与其中；她每周给学生的家长发送备忘录，让学生的家长知道自己的孩子在学校里的情况；她还坚持记录班级日志，这样家长们就能从中获取更多有关学校的信息。所有这些额外工作都是没有回报的。在瑞贝卡老师的班级学习了一年后，孩子们的阅读和写作能力有了大幅提升。更重要的是，他们开始发现自己的潜能，懂得美好的明天在向他们召唤。他们知道不断努力，他们的潜力是无穷的。

瑞贝卡对培养学生创造力的重视，引起了广泛关注。2016 年 3 月 12 日的《社会科学报》上，瑞贝卡的好朋友温蒂·玛诺斯基和克莱尔·休斯合撰了《中美创造力差距的真相是什么》一文，特意以瑞贝卡为例，展现了瑞贝卡的创造力教育：

一个想培养学生创造力的教师会发掘出让学生感兴趣的课题。我最亲密的一个好朋友瑞贝卡·米勒沃基（Rebecca Mieliwocki），就是一个富有创造力的教师。她在洛杉矶地区一所公立中学 7 年级教英文。当你和她交谈时，她会告诉你各种不同的有挑战性的课堂活动以及她是如何鼓励学生积极参与这些活动的。例如，她最近在开展一个名为"天才时间"的试验项目。每个星期有一节课的时间，允许学生们去研究任何他们自己感兴趣的事情，而且深入地研究下去。这样，每个学生都能在自选的课题上变成"天才"和专家。他们以自己喜欢的方式去研究和学习新的东西，并且在教师的指导下有责任地使用这节课的时间。这时教师的作用不是教导，而是启发、鼓励、提问和支持学生的创造性活动。

如果你认为自己并非很有创造力，那也没有关系。你还是有办法去引发学生的创造力。例如，鼓励学生用不同的方法来使用相同的材料；从不同的视角来看待同一个事物；寻求独特的办事方法和可能性；等等。请特别留意那些感到无聊的学生，他们很可能是对教师枯燥和传统的教学方法不感兴趣。如果给他们以不同方式来做事情的机会，他们就可能变得富有创造性并且积极主动地参与学习。与学生谈谈心也可以发现什么是他们感兴趣的事情，然后利用这些信息来帮助他们培养具有自身特点的创造力。[①]

卓 越 之 道

葆有希望

在很多人看来，教师是一群希望的战士，他们对抗的是无知和绝望，他们的工作就是要帮助学生建立希望。而作为"希望的战士"，教师自身也需要葆有希望。

电影《皇家俱乐部》（The Emperor's Club）就讲述了一则有关教师如何葆有希望的故事。在一所名为圣·班尼迪克特的贵族中学，主角威廉·汉德尔是一名西方文明史的老师。他精通所授科目，学科知识扎实，学科素养深厚；他的教学方法灵活多样，将枯燥的历史教育和生动的角色扮演有机结合起来，极大地激发了学生学习的兴趣；他十分热爱自己的职业，充满着教书育人的使命感，将教书育人当作人生的终极目标，致力于传道、授业、解惑，乃至塑造学生的人格……更让人印象深刻的是，他一旦离开了教师行业，就会焦虑、颓废、心神不宁，而回到教师行业，则仿佛打了强心针，整个人都容光焕发起来。看到这样的教师，不得不让人发出这样的感慨——有些人天生适合当教师，教师队伍因为有这样的人而熠熠生辉，这样的人也因

---

① 温蒂·玛诺斯基，克莱尔·休斯. 中美创造力差距的真相是什么 [N]. 社会科学报，2016-03-12.

为教师工作而闪闪发光。不过，就是这样一位教师，当一名骄矜自负的美国参议员之子塞奇威克·贝尔转入他的班级后，他秉承多年的教育理念遇到了强有力的挑战，汉德尔体会到了就是有教不好的学生，就是有无法沟通的家长。

在电影中，汉德尔可谓四处碰壁，充满挫败感，让人不甚唏嘘。不过，本片并非一直灰暗，也夹杂着些许亮色。这些亮色为教师们在承认"教师不是万能的"之后，提供了继续走下去的希望。电影中，汉德尔收获了诸多学生的拥戴。不少学生对他崇敬有加，由衷地感激他的教导，并送上了这样的文字：

> 一位伟大的教师却只有平凡的记录，
>
> 他的生命在其他人身上得以延续，
>
> 这些人是母校的支柱，学校的栋梁，
>
> 这些人将继续发挥能量，
>
> 并在我们的生命中不断体现！

在电影结尾的时候，汉德尔老师用独白的方式为广大教师提供了继续怀抱希望的理由：

> 我来的时候抱有希望，希望我原来对贝尔同学的判断是错的，或者说，我多年前为支持和鼓励他所做的都是值得的。不过，最终并没有奇迹发生。作为历史老师，我不应该对他的狡猾和成功而感到惊讶。我对他的教育是失败了，但人生是否有意义不能取决于一朝一夕的成功与失败。我的其他学生让我明白了这个道理。不管有多少失败，教师必须一直怀抱着希望——通过教育能够改变学生的心灵，甚至改变人们的命运。

美国历来有尊师重教的传统，不过，如今美国的教师也面临很多的压力。一方面，由于美国的经济形势很不乐观，政府和社区都在压缩财政预

算，使得公共教育可控的资源非常有限，甚至到了捉襟见肘的地步。教师对收入的满意度是 20 年来最低的，许多教师因为付出的远高于所得而感到受挫和沮丧。另一方面，修改教师评价制度的呼声日渐高涨，一些地区已经把学生考试成绩作为评价教师业绩的一种指标，另一些地区也正准备这么做。这让很多教师无所适从。

面对重重压力，瑞贝卡在一次采访中这样说道：

在压力中前行，教师应努力做到更好。对我而言，获得美国年度教师荣誉称号有一个更重要的意义——对加利福尼亚州的公立学校来说，这个奖来得正是时候。这个奖项就是一个明证，证明了加利福尼亚州的教育工作者是如何足智多谋，在财政预算被大幅压缩的情况下，依然表现得如此出色。

至于修改教师评价制度，瑞贝卡这样表达她的看法：

我需要知道我现在表现得如何，哪些方面做得不错，哪些地方需要提高。但是，对我的评价，不能仅看某一方面，而需要考虑到方方面面，否则就不科学，也不合理。因此，教师必须被评估，但是应该收集各种不同的渠道包括学生的考试成绩在内的信息，从而得到教师教学的真实图景。影响教师业绩表现的各方面因素——学生、同事、社区、学生的考试成绩，这些都应该被充分考虑到。

对此，奥巴马总统在颁奖典礼上，也做了回应：

在申请这个奖项的时候，瑞贝卡老师曾说，从某些方面来说，做一名教育工作者比以往任何时候都艰难。即使在最好的年代，教师也是付出太多而得到太少，更不用说现在了。如今，我们的经济形势很不乐观，虽然已经告别了最糟糕的时候，但还处在恢复之中，政府和社区必须压缩财政预算。

因此，作为在困难时期被选举出来的政府官员，我们有一个特别的责

任，那就是去支持教师而不是去抨击他们。我们应该给各州充足的资源，从而使得好教师乐于坚守在岗位上，并奖励那些卓越的教师；我们应该支持我们的教育者，让他们发挥自己的创造力和激情，而不仅仅是教学生如何应试；我们应该允许学校解聘那些不能有效帮助学生学习的教师，即使学校没有足够的资源。

我们的处境不容乐观。我们的父母，我们的祖父母，他们不能凭空在这个世界上创造出最繁荣的经济和最强大的中产阶级。这些得由世界一流的教育系统开始。教育是基石。长远来看，没有什么能像教育那样对我们的国家和国民产生如此深远的影响。

从这个意义上说，当很多教师像在场的教师一样，每天都花很长时间扑在工作上，或者自掏腰包来支付学校的开销，或者不断钻研自己的教学，让自己的教学越来越好，你们不仅仅是为了你们的学校，同样也是为了我们的国家。是你们，让美国梦不断延续——不管你是谁，来自哪里，出身如何，如果你勇于尝试、不断奋斗，你都会成功。

2011 美国年度教师：米歇尔·希勒

区　　域：马里兰州

任教学校：乌尔班纳高中

学校类型：郊区学校

学　　科：化学

学　　段：高中（10～12 年级）

教　　龄：14 年

教育箴言： 在高中当老师执教化学，并不意味着我没有雄心壮志。实际上，我想通过自己的努力，让人们不再将在"普林斯顿大学"和"教师"之间画等号看作一件奇怪或者让人失望的事情。难道我们不希望我们最优秀的人才进入教师行业，教育我们的下一代？

　　美国公立学校首席官员委员会于 2011 年 5 月 2 日宣布，来自马里兰州弗雷德里克的乌尔班纳高中（Urbana High School）的化学教师米歇尔·希勒（Michelle Shearer），荣膺第 60 届美国年度教师。毕业于普林斯顿这所顶尖大学后，米歇尔出人意料地选择成为普通高中的一名化学教师，如今问鼎

美国年度教师桂冠，米歇尔的教书生涯堪称传奇。

人 物 素 描

毕业于普林斯顿大学的美国年度教师

这位毕业于普林斯顿大学的高材生，当初选择从事教书工作，曾让周围很多亲友同学感到诧异。不过，在她成长的路途中，重视教育的家庭氛围让她在从教的路上走得异常坚定。米歇尔的母亲是一名小学音乐教师，米歇尔的父亲是拥有博士学位的化学家，他们都十分重视教育，认为老师是最值得尊敬的人。可以说，教育在米歇尔的生活中一直扮演着十分重要的角色，以至于她很小的时候就打算长大了当一名教师。

工作至今，米歇尔已经为教育事业奉献了整整 14 个年头。起初，她就在乌尔班纳高中执教，从 1997 年一直工作到 2002 年。后来，由于家庭搬迁，她来到了马里兰盲童学校工作，工作到 2006 年。2006 年，她又回到乌尔班纳高中，任教高级化学 AP 课程。事实上，她在乌尔班纳高中前后共执教了 10 年，教授了各年段各种水平的化学。

米歇尔一直为这个事实感到骄傲——她曾经教过的每一个学生，不管他们的年龄、性别、种族、听力状况以及在学习上遇到的问题大小，都尽了最大的努力，学习米歇尔所教的内容，也都取得了优异的成绩。还有很多升入大学的学生一直和米歇尔保持联系，随时告诉米歇尔自己在专业领域，比如健康学、工程学、科学实验等，取得的点滴进步。这些年轻人，甚至还向米歇尔"炫耀"各自在学术生活之外的成就。有一个学生最近给米歇尔发了这样一份邮件："天知道我为什么如此迷恋化学呢……幸亏有你，让我在大学里将学习化学变成了有趣的事情。"让米歇尔更感到骄傲的事情还在于，和以前的学生又是现在的同事携手合作，致力于教学工作。而学生兼同事在教学中，自觉或不自觉地运用她曾经在他们班级使用过的教学方法和教学策

略。米歇尔幸福地说："那种被认可的幸福感让人晕眩。"

在颁奖典礼上，奥巴马总统如此赞扬米歇尔：

米歇尔的突出贡献在于，她倾力帮助在科教领域易受忽略的少数民族、女性、残疾学生获得更好的教育。……我最喜欢的诗人之一叶芝有这样的诗句：教育不是灌满一桶水，而是点燃一把火。我们身边充满着这样的青少年，他们都有拥有光明未来的可能，只是需要有那么一个特别的人，通过那个人的特殊的力量，来点燃孩子心中的那把火，点燃孩子对自己的期望，鼓励他们决不放弃，鼓励他们迎接挑战。今天，我们能够齐聚在此，正是因为在我们的生命中，那个特别的人已为我们点燃了这把火。

教 书 生 活

对学生积极期待

在米歇尔的教育词典中，"学生"一直是最重要的词语。她一直把学生放在心上，把如何促进学生发展当作最重要的事情。她清楚地意识到："凡是那些将学校当作第二个家的人都知道，教学是一种鼓舞和沮丧并存、荣誉和挑战同在的事情。"她一直都在为如何为学生提供最好的教育而竭尽全力，因为不能辜负他们对学校美好的想象，因为他们都是"我们的孩子"。

米歇尔坚信，教师对学生积极的期待在学生学业成功方面起着十分重要的作用。她明确指出，当学生能真切地感受到教师对他的期待，相信他能进步，他就会更加努力，争取不让教师失望。米歇尔甚至将教师对学生的期待上升到了教师行业的"本质"的高度。在一次采访中，米歇尔这样说道：

关注每一个学生，摸清他们的渴望和领悟能力，是这一行的本质。不能对切实的需求作出回应，就算不上真正的教育；缺了这一条，再多的个人荣

誉和收获也无足挂齿。

她是这么想的，也是这么做的。她一直对学生充满期待，利用各种机会表扬学生，让学生感受到来自教师的信任和期盼。

在乌尔班纳高中，校长每周都会发电子邮件给员工，对那些在这一周做出特殊贡献或表现出色的学生、教师以及学校员工给予特别表彰和称赞。米歇尔非常认可这种举措，认为"每周一赞"给了我们一种积极的体验，使我们有力量攻克面前的难关。她甚至调侃道：要是每天晚上的国家新闻都有一个类似于"美国公共教育中的亮点"版块，向全国人民报道那些取得成就的学生和教师，那会怎样？不幸的是，教育上的好消息一般都很难成为头条，那么，只好我们教育者自己来承担起赞美和播报我们成就的任务。

米歇尔深知，教学需要投入大量的精力和时间，是一项需要爱心、同情心和奉献精神的事业。为了"我们的孩子"，米歇尔一直从各个方面不断改进，以期做得再好一点。在她的教室的布告栏里贴满了她从教十多年来

米歇尔教室里的"学生照片墙"

学生的照片，这些都无言地诉说着米歇尔的学生观。正是因为学生，她才坚持到现在；学生是她从事教学的不竭动力。同时，她深知，致力于教学工作，教师必须开阔视野，走出教室这方狭小的天空。

在乌尔班纳高中校长凯西看来，米歇尔对学生积极的期待和关心，让她成为学生"不可多得的"教师。他在推荐米歇尔成为年度教师时，给予了米歇尔这样的评价：

我十分高兴有机会推荐马里兰州 2011 年度教师——米歇尔·希勒——成为 2011 年美国年度教师。她聪明、口才好、充满热情。她在教学中很好

地渗透了这些优良品质，为我们奉献了无比美妙的化学教学，十几年如一日。米歇尔老师曾因她出色的高级化学教学被授予西门子奖（the Siemens Award），其获奖理由是这样的：通过在教室里激发学生对学习的兴趣和热爱，影响着学生的人生。这无疑是美国社会所需要的最好教学的典范。她确实就是那种"不可多得的"（once in a lifetime）教师，是能给学生不仅在学习成绩方面而且在以后的人生道路上带来积极影响的那个人。

几年前，当我第一次来到乌尔班纳高中出任校长一职，我从家长那里收到的第一份邮件就是家长对米歇尔老师的感谢信。在信中，该家长因为米歇尔老师对她女儿的积极教导而由衷地表达了感激之情。该家长动情地说："米歇尔老师对教学充满激情，富有创新精神，以及她发自内心的对学生的爱，让她的教学成为点燃学生学习激情的火焰。尤其是对像我女儿这样一心想要在科学或医学方面做出一番成就的学生而言，米歇尔老师的教学的启发意义更是不言而喻。"通过观察，我亲眼目睹了米歇尔老师的课堂教学，再一次证实了该家长的话。

我发现，米歇尔老师的教学充满挑战而又十分契合学生的最近发展区[①]，和学生的生活实际相关同时又充满乐趣。她不仅致力于将学生培养成为批判性思考者和创造性的问题解决者，还从更广阔的视野上，关心学生身心健康发展，培养他们成为有生活技能的人。对于将教学内容和学生生活联系起来，米歇尔很有一套，做得得心应手，这极大地促进了学生自主学习的劲头。

---

① 维果茨基的"最近发展区"理论认为，学生的发展有两种水平：一种是学生的现有水平，指独立活动时所能达到的解决问题的水平；另一种是学生可能的发展水平，也就是通过教学所获得的潜力。两者之间的差异就是最近发展区。教学应着眼于学生的最近发展区，为学生提供有难度的内容，调动学生的积极性，发挥其潜能，超越其最近发展区而达到其可能发展到的水平，然后在此基础上进行下一个发展区的发展。

创设良好的学习氛围

创设那种让所有学生都沉浸其中、享受化学魅力的学习氛围，一直是米歇尔不断为之奋斗的目标，也是米歇尔的课堂值得称道的地方。

在推荐米歇尔成为年度教师的推荐信中，校长凯西这样写道：

作为一名经验丰富的教师，她的课堂给人印象深刻还在于课堂氛围的营造上。在米歇尔老师的教室里，洋溢着轻松愉悦的气氛。作为一名致力于学生学术素养培养的老师，她利用各种动手操作和动脑操作的教学策略，使得严谨的化学课堂充满乐趣。

米歇尔强调班级氛围的营造，认为班级就是一面镜子，从学生们流露出的精神状态以及表现出的行为举止中可以看到他们眼中的教师的状态。她说：

我以为，学生最需要的是教室里洋溢着那种温馨、和谐、互助、积极的氛围。师生之间的积极关系中蕴含着强大的能量，可以从根本上改变学生的学习状态。尤其是对那些怀疑自己的学习能力、对自己没有信心的学生来说，更是如此。

以教室布置为例，米歇尔并没有在教室里面挂元素周期表，也没有化学家照片，而是在储物柜里摆满了瓶瓶罐罐：防晒霜、洗发水、洗涤剂……这与众不同的化学教室布置体现了米歇尔的"别有用心"。她说：

学生们在科学课上最常见的疑问是：学这些符号、公式，跟我到底有什么关系？将这些日常用品摆放在教室里，就能够让学生看到化学是一门很实用的学科，与每一个人息息相关。当学生觉得自己和学科本身建立起某种关联时，他们就会变成热切的探究者。

米歇尔的用心得到了极大的认可——选修米歇尔的高级化学班的学生人

数越来越多。奥巴马总统在颁奖典礼上透露了这一具体数据：米歇尔 2006 年来到乌尔班纳高中，当时只有 11 个学生报了这门课。几年过去了，学生的人数激增到 92 名。这激增的人数，就是一份沉甸甸的信任，相信米歇尔能够为他们提供一种与生活密切相关而又充满意义的课堂，一种严谨而又不乏趣味的教学。

在更宽阔的视野里探讨教师的责任

最近，有关教师基本职责的讨论越来越多。有人指出，有责任的教师是细心的教师，只有细心完成每一件小事，才能让学生从小到大形成良好的人格；有的认为，有责任的教师是勤奋学习的教师，教师唯有不断地自我发展，自我提高，自我完善，才能履行好自己的责任。对于这个问题，米歇尔给出了一份与众不同的回答。她自制了一道多项选择题：

教师最基本的责任是什么？下面以我的教学情况为例出了一道多项选择题，让我们选出"下面选项中哪些是有效教学的明证"。

A. 在过去的三年中，米歇尔老师所教授的高级化学，学生通过率分别高达 91%、91% 和 88%。

B. 米歇尔老师的 2000 年毕业的学生，如今在耶鲁大学拿到生物物理化学博士学位，目前投身教学行业，致力于高中科学教学。

C. 米歇尔老师的 2005 级失聪和弱听学生，被认定为"不合格"。就是这些学生在上课铃还没有响起的时候就进入教室，希望早一点开始上课。他们对即将开始的教学和实验是如此期待，如此渴望。

D. 一个少数民族学生开始犹豫着要不要上高级化学，最终她拿到了"B"的平均分，这是她个人最好的成绩。正是因为这个"B"，让她有信心参加大学入学考试，学习科学专业。

E. 全选。

　　最后，米歇尔给出了自己的答案——E，并道出了自己的理由："任何有关教师基本责任的讨论，需要一种宽阔的视野，考虑有关学习的各种维度，尤其需要考虑到教师在不同场合面对多样化的学生能否一如既往地有效教学。让基础良好的学生，体会到教学之魅力，成为专业方面的研究者，是教师履行职责的表现；让那些基础不良、有缺陷的学生感受到学习的乐趣，在原有的基础上有所进步，也是教师履行教师职责的表现。而且，教学是慢的艺术，有很多东西，很难在短期内得到测量和量化。比如，多年之后，因为受到某个教师及其教学的影响，学生毅然选择从教，这难道不是教师有效教学的体现吗？那些和具体数据相关的考核都很容易操作，而教师的责任心就不那么容易评估了。毕竟，教师的责任心并不完全等于学生的学习成绩。"

　　就米歇尔本人而言，她不仅对学生的高级化学成绩负责，还致力于培养学生良好的心智习惯，比如那些在高校以及在社会上极为需要的创造力、创新精神、问题解决能力以及迈向成功所必需的技能。米歇尔花了大量时间和精力来培养学生未来生活所需要的自信心、独立能力、适应能力以及坚持不懈等。她一直相信，那些有活力的、高效的教师都是严于律己的教师。她说，我们提供一个丰富的教学计划，以一种潜移默化的方式努力激发学生的能量。这些努力都是无法计算的，但是我们乐此不疲。高效能的教师都有独特的个人魅力，让学生成为一个身心健康的人，让学生在学术和生活中都能取得成功。

　　教学十分复杂也太过神圣，远非那些简单的责任评估所能概括。所以，就什么是"好的教学"，我们要秉承一种开放的态度，开发一种立体而多维的评估指标。

在"普林斯顿"和"教师"之间画等号

　　作为一名教师，米歇尔除了努力把课教好，让学生获得知识、增长能力外，还一直有一个"野心"——努力改进教学，提升教学的专业品质，让教

学成为一项有挑战性、有意义、值得尊重的行业。

一直以来，在美国，人们对"教学是一种专业"颇有微词。很多人理所当然地认为教学不过是那些不能胜任"真正的专业"、能力欠缺的人的一种不得已的选择，是一种基于"常识"的平平常常的工作，无需弄得那么复杂。在一些人眼中，教师工作非常简单，只不过是把自己知道的知识传递给学生而已，因此，除了掌握所需传递的知识，教师不需要接受其他的训练和培养。也有些人承认掌握学科知识和教授学科知识之间不能画等号，但是，其中一些人认为好教师是天生的，不是培养出来的；还有人认为教师教育只不过是教授一些技巧，是小儿科的事情。在主张自由教育的人们看来，西方两千多年的历史已经证明，自由教育或广博的学术训练本身就构成了最好的教师教育，教师教育没有独特性，没有独立存在的必要。在这些观点的影响下，美国流传下来的教师形象往往是一些消极的描写，有人曾把教师看作"课堂警察"、"制陶工人"，还有人把教师说成是"看门人"、"牛奶管理员"。

对于这种偏见，米歇尔深有体会，并一直在默默地与之抗争。她坦言，这些偏见有的隐晦些，有的则以公然挑衅的方式表现出来。在高中教书的时候，她就听学生开玩笑时曾这样说："那些有所作为的，就会干一番事业；那些没有能力的，就只好教书了。"其实，这种论调早在她读大学的时候就听到过，当得知米歇尔想要当教师时，她的同学都很不解地问："既然你已经考上了普林斯顿大学……为什么你只想当一名教师呢？"在她毕业的时候，很多好心人对她在有很多美好选择的情况下决定当教师感到很吃惊，一个劲儿地问米歇尔这是为什么。也许，在很多人的心目中，米歇尔应该按照预设的路走向美好的未来——通过进入行政班子，然后成为一名国家督学，最终进入教育部。

面对这种大多数人预设的人生轨迹，米歇尔发出了这样的疑问：这难道是唯一正确的选择吗？米歇尔告诉自己：教学不是一种生搬硬套的工作，也不是从有关"如何做"的教学手册中就能学会的技能。教学是一门专业，这

门专业需要通过对复杂环境的操控，为具有不同发展需求的人创造学习机会。而成为一名教师，这就是我想要的。她强调道：

在高中当老师执教化学，并不意味着我没有雄心壮志。实际上，我想通过自己的努力，让人们不再将在"普林斯顿大学"和"教师"之间画等号看作一件奇怪或者让人失望的事情。难道我们不希望我们最优秀的人才进入教师行业，教育我们的下一代？

事实上，在美国，人们一方面哀叹公立学校缺乏优质资源，尤其缺乏卓越的教师，另一方面他们又对教学是一门专业发出质疑，以为常春藤盟校[①]毕业生从事教学工作简直就是"大材小用"。

在学校工作了十多个年头之后，米歇尔不改初衷。她甚至这样说道：

当有人再对我说"你可以做任何你想要做的"的时候，我要大声地对他们说，教书恰恰就是我最想要做的，我很自豪选择将教书作为我终身矢志不渝的追求。和学生一起在实验室，我能体会到那种"教学相长"的滋味，我压根儿从未想过离开我的教室和我的学生。

在教育领域摸爬滚打了许多年，米歇尔对如何提升教学的专业品质，也越来越有自己的心得。她认为，通过招聘那些高素质的人才进入教师队伍，给新手教师提供合适的入职培训，以及教师通力合作开发有创造性的创新课程，都是提高教学这门职业专业性的有效途径。她根据自己的从教经历，确信那些高素质的人才一旦进入教学领域，就会发现教学是一项很有意义的职业，因为每天都会有与众不同的和令人兴奋的经历。正是因为这份确信，当她姐姐在从事了15年的零售经理后准备重新考虑职业的时候，她就极力向

---

① 常春藤盟校由美国东北部的八所学校组合而成：布朗大学、哥伦比亚大学、康奈尔大学、达特茅斯学院、哈佛大学、宾夕法尼亚大学、普林斯顿大学及耶鲁大学。这八所大学都是公认的一流大学，历史悠久，治学严谨，教授水平高，学生质量好，因此常春藤盟校也是顶尖名校的代名词。

姐姐描绘了投身教育行业、运用扎实的英语知识来教高中生英语的美妙图景。事实证明，米歇尔的"怂恿"是对的，她的姐姐从教不久，就成了一名深受学生欢迎的、有成就的教师，现在还在马里兰州公立学校任教。

当然，米歇尔深知，仅从教学的"入门口"把关，通过招聘高素质的人才提升教学这门职业的专业性，是远远不够的。此外，还需要对刚入职的新手教师提供必要的入职培训。对新手教师而言，提供必要的入职培训可以极大缩短教师的适应过程，并增强教师的信心。很多新手教师都对自己能否熬过一堂课深表担心，更不用说在学校里待上一个学期、一学年，甚至终身从事教学工作。对新手教师而言，有时候，教学会让人身心疲惫，有一种被掏空的感觉。米歇尔很能体会新手教师的这种感觉，她经常通过和新手教师交流，通过分享教学上那些有意思的、能给人以启发的事情，让新手教师得到放松，重新出发。

另外，米歇尔十分重视教师之间的合作。她一直认为，在日常教学中和同事通力合作，是她致力于提升教学专业品质的重要举措。每位教师都有自己的独特之处，每位教师的视野也都是有局限的，而且侧重点也比较片面。因此，在教学中只靠自己去搜寻一些理论、独自埋头努力地思考是不够的。教师要养成一种谦虚的态度，学会去倾听别人的意见和建议，对于同样的问题，要虚心请教自己的同行是怎么处理的，看他们应对这些问题时哪些方面比自己做得更好，取长补短。当教师们拧成一股绳，最终受益者就是学生。

附：米歇尔的获奖感言

我们总会看到学生一张张灿烂的笑脸

感谢奥巴马总统，感谢邓肯部长，感谢各位尊贵的客人、朋友和家人。今天，在年度教师庆典的特别日子里，作为教师代表，和各位年度

教师相聚在白宫，这是一件十分荣幸的事情。接受这项荣誉，让我很惶恐。当我们在此为我们在教室里做出的成就庆贺的时候，我的学生的脸庞浮现在我的眼前——我的那些刚参加完高级化学考试的 90 名高级化学班的学生（笑声）；我的那些十多年前教过的现在也和我一样在公立学校执教的学生；我的那些失聪的和听力有障碍的学生；我的那些教我要看到学生能力而不是缺陷的有特殊需要的学生；还有所有的充满着生机和潜力的学生，包括我 5 岁的女儿（笑声）。

作为教师，我们以学生为中心，学生是我们工作的起点；作为年度教师，我们也要说出所有教师的心声。在美国，有成千上万的教师，我们完全可以从事其他的行当，追求别样的人生，但是我们却选择了教育，选择了用我们的聪明才智灌溉祖国的花朵，让学生茁壮成长。小学教师为学生的学业成长奠定了基石；中学教师用富有创造性的教学吸引着学生，努力让学生成为自主学习的人；高中教师让学生全身心投入学习之中，为升学和未来的人生做准备。所有的这些教师，共同致力于学生批判性思维、创造性问题解决、合作、交流、独立、适应性、自信等品质的养成。这些良好品质，都对他们在学校和社会上成功大有裨益。教师们所教的科目种类繁多，比如文学、世界语言、英语语言艺术、历史、社会科学、体育、商业教育、职业教育以及"STEM"——科学、技术、工程和数学。不管我们教什么学科，也不管我们教什么年段，为了满足我们教室里每个学生多元的需求，教学永远都是一项挑战。

我很高兴和各位分享我的学生所取得的进步。我教室的布告栏里贴满了我从教 14 年来学生的照片——教学需要投入大量的精力和时间，是一项需要爱心、同情心和奉献精神的事业。因为学生，我才坚持到现在，学生是我从事教学的不竭动力。同时，我深知，致力于教学工作，我们必须开阔视野，走出教室这方狭小的天空。要确保学生的成功，父

母的支持和社区参与是极其必要的；要改善学校的教育品质，资源和技术也是不可或缺的。我们的学生需要大家携起手，共同创造教育的天空。在此，我要特别感谢奥巴马总统和邓肯部长，因为你们的领导，教育得以成为国家发展的重中之重。这为公立教育品质的提升创造了一个非常良好的环境。我们期待着和你们一道，共同促进学生的进步，致力于学校的发展，打造最好的学校和培养最好的学生。

我的学生都知道我喜欢侃侃而谈，劲头十足。他们也预料我会发表一篇情绪高昂的演讲。面对我最后一个高级化学考试不及格的学生，我和他谈了很多，我告诉他：你是问题解决者，不论遇到的问题多么有挑战，都要相信自己，锐意进取，不断朝着目标逼近。教育如同人生。同样，我们不管遇到什么问题，都要做一个勇敢的问题解决者。当我们秉承着不抛弃不放弃的精神，合理整合资源，不断改进方案，我们一定能够取得成功。同时，我们也会看到学生一张张灿烂的笑脸。

卓 越 之 道

拥抱教育天赋

检视卓越教师的相关研究，不难发现，"教育天赋"在卓越教师的养成中起着十分关键的作用。以往我们认为卓越教师当属那些具备丰富的教育教学知识、精通教学法、对教学内容的重点和难点有清晰的把握、能在课堂上通过讲解或演示把这些知识给学生讲明白的教师，但越来越多的研究表明卓越教师日益指向这样的一个群体：本能地爱学生，设身处地地从学生的角度思考问题；通常凭借直觉想出各种办法，从而对学生因材施教；知道他们以前获得的有关教育教学的知识非常有用，但也并非完全正确，具备依据具体情境做出综合判断和即时决策的天分。换言之，本能、直觉、天分等词语逐

渐和卓越教师挂起钩来。而对教师本能、直觉、天分等素质的强调，也就意味着对教师"教育天赋"的重视，认为"教育天赋"是养成卓越教师中的关键要素。

这些研究得到了来自一线教师的印证，和一线教师的真切体验不谋而合。被《纽约时报》尊称为"天才与圣徒"的美国年度教师雷夫·艾斯奎斯（Rafe Esquith）在其著作《第 56 号教室的奇迹——让孩子变成爱学习的天使》的自序中也坦言"天赋"是其工作得到认可的重要原因："在过去的四分之一世纪里，我几乎把大部分时间都花在了位于洛杉矶市中心的一间教室里。这间教室又小又破。因为有一点点天赋，还有一点幸运，我的工作受到了一些认可，每天我都生活在大家关注的目光里。"可见，重视教师的"教育天赋"，越来越成为改进教师教育的努力方向和重要依托。

如果上述所言不虚，也就意味着卓越教师与其天赋有一定的关联。卓越教师似乎都有一种特殊的直觉或者说是天分，可以看到学生的潜能，并有看着学生的潜能展开与发展的必要耐心和特殊技巧。很多人都认为米歇尔有当教师的天赋。贝蒂·希克斯是米歇尔工作过的马里兰聋孩子学校的前任校长，是她慧眼识珠，将米歇尔招致麾下。她十分欣赏米歇尔，认为米歇尔天生就是当教师的料。用贝蒂自己的话来说就是，米歇尔"具备成为优秀教师的第六感"。

贝蒂·希克斯十分乐意分享自己对米歇尔·希勒的有关记忆。她说：

首先跳入脑海的，是米歇尔 1996 年作为实习教师的情形。她的工作给她的指导教师和我都留下了极其深刻的印象，以至于我们迫不及待地打算立即正式签下她来我们学校工作。事实上，她从那时开始，在我们学校一直工作到 2002 年。

贝蒂对米歇尔的适应能力表示惊叹。马里兰聋孩子学校，顾名思义，所有的学生都有不同程度的听力问题，教师们只得用手语作为主要的交流方式

展开教学。这对于很多一直生活在正常情形下的人而言，都是一种很糟糕的体验。不过，贝蒂说：

> 米歇尔却没有任何不适感，而且做得很成功。她十分精通美国式手语，能够用手语流畅地和学生进行交流和沟通，并能够让抽象的概念生动起来。她很快融入了校园生活，迅速成长为一名出色的领袖教师。

当时，米歇尔是马里兰聋孩子学校的一名化学教师，教授各种水平的学生学习高级化学。她还有一个任务是改善学校过时的化学实验室，为此，她在设计和革新实验室方面做出了很多努力。后来，学校高级微积分课程教师人手不足，米歇尔又开始承担起高级微积分课程的教学工作。贝蒂说："让人吃惊的是，她在高级化学、高级微积分甚至数学教学方面都表现出色。她以前的学生，包括那些现在已经走进大学的学生，都说米歇尔是他们遇到的最好的教师。"

在贝蒂看来，米歇尔的教育天赋突出表现在促进学生学习上。学习化学时，当学生们缺乏必要的数学知识时，米歇尔不仅不将其当作教学的障碍，而且认为是改进教学的机会。她会迅速诊断教学，将学生遇到的数学难题一步步进行分解，分解成简单易懂的步骤。她班上有些学生的科学基础知识很薄弱，米歇尔也不以为意，她总是相信"所有的学生都能获得成功"，而且她真的有办法让他们很快赶上来。

米歇尔在师生关系方面也很有一套。她对学生的高期望使她和学生家长形成密切的关系。有的学生家长甚至根据米歇尔的工作安排来调整自己孩子的课程计划。米歇尔一天除了要教 3 次各 90 分钟的课之外，她也作为保龄球的理论教练，领导着队伍赢得了高立德大学[①]2005 年全国锦标赛冠军。

---

① 高立德大学（Gallaudet University）是第一所供聋人和弱听人士学习的高等学院，也是世界上唯一一所全部课程与服务都是为聋人和弱听学生而设的大学。该大学的命名是为了纪念对聋人教育有深远影响和突出贡献的汤玛斯·霍金斯·高立德。

　　米歇尔对学生的高期望渗透到了学生学习的过程之中，在她的教导之下，学生们知道了目标是什么，以及达到目标的可行的步骤。她的课堂充满着互动，充满着乐趣。学生根据各自的学习进度，以合适的方式评估自己的学习。她班级的学生水平参差不齐，但是她设法让每个学生都能在各自的基础上得到进步。更重要的是，她赢得了每一个学生、家长以及同事的尊敬。

　　在写推荐信期间，贝蒂遇到一些米歇尔以前的学生。他们和贝蒂一样，都以米歇尔当选为马里兰州年度教师感到骄傲。贝蒂说："我们没有一个人感到意外，他们都记得她'积极的能量'、'金子般的心灵'以及她心甘情愿地'多付出一点'。而且，他们都一致认为米歇尔改变了他们的人生，以这种或那种方式。"贝蒂还特意转引了米歇尔以前的一个学生威廉姆斯的一番话：

　　当我学习米歇尔老师的高级化学课程时，她对我产生了深刻的影响。她的班级就是成功的代名词。她充满着激情，确保在她班级的我们每一个人都能精确地理解她所教授的内容。在数学和科学领域，用美国式手语教学可能是一件很困难的事情，因为那么多抽象的概念很难用手语形象地表达出来。然而，她是一位非常有效的传播者。比如，面对一个抽象的概念，她可能会画一幅画，以此试图让学生懂得。她那令人惊叹的教学技巧、教学天赋以及工作的责任心，给一个好教师画了一幅很好的画像。就我而言，她是我现在取得理学学士的关键因素，我都不知道如何感激她。

　　这番话很好地表达了很多学生对米歇尔的心声，也表达了贝蒂对米歇尔的强烈认同。贝蒂说："认识米歇尔是一件很荣幸的事情，能和她共事多年更让人久久回味。我知道米歇尔·希勒将成为那些面对处于不同水平、说不同语言的学生的教师的指导者，因为除了她的许多优点之外，她还有第六感——那使她如此与众不同，而且发自内心。"

2010 美国年度教师：萨拉·布朗·韦斯林

区　　域：爱荷华州

任教学校：约翰斯通高中

学校类型：郊区学校

学　　科：英语

学　　段：高中（10～12 年级）

教　　龄：11 年

教育箴言： 对于美国年度教师这项荣誉，有一个概念上的误解，认为这项荣誉是将一个老师和另一个老师区别开来的标志。我以为，这个奖项不是为了彰显不同，而是为了表彰我们教师的共同点，表彰使我们团结在一起的那些东西。它包括了我和丹尼尔老师认真探讨后的感悟，包括我和凯特老师共同参与的设计，包括我和梅丽莎老师共同拥有的对孩子的爱，包括我和埃德老师共同追求的理念——所有这些都是在场的和不在场的老师们所共有的。这项荣誉，表彰的是我和每一位站在这里的教育者对教育的共同追求。

2010 年 4 月 29 日，在白宫玫瑰园，来自爱荷华州的约翰斯通高中
（Johnston High School）年仅 35 岁的萨拉·布朗·韦斯林（Sarah Brown
Wessling）从奥巴马总统手里接过了"水晶苹果"奖杯，摘得 2010 年美国年
度教师的桂冠。在颁奖仪式上，奥巴马总统把萨拉描述为一位充满创造力的
教师，尤其称赞她具有创造力的教学方式。

人物素描

梦想成就美国年度教师

"我注定成为一名教师。"萨拉这样说道。1995 年，萨拉考进爱荷华州
立大学。进入大学后，她对很多专业都很感兴趣。于是，她广泛涉猎，选修
了新闻传播学、心理学、哲学和文学。在此期间，她不断尝试着自我定位。
直到有一天，她接触到了"教师"这个职业。

那一天，学校的课程与教学系主办了一个名为"项目机会"（Project
Opportunity）的学习活动，主要面向有志于做教师的学生，向他们介绍教师
工作的诸多方面。萨拉参加了这个活动，通过这个活动，她遇到了许多优秀
的教育工作者。这些优秀的教育工作者关于课堂管理和教学方法的理念和做
法，深深打动了萨拉。正是在这个活动的启发下，萨拉对"做一名教师"有
了更加清晰的认识，开始明白自己想要成为一名教师，并且是一名有所不同
的教师。萨拉说："这个活动为我提供了成为一名卓越教师所需要的愿景和
指引。"

萨拉进一步解释说："虽然我很喜欢我所选修的专业，我也知道这些专
业都有着不错的工作前景，但我并没有从中感受到想象中的、发自内心的
激动和喜悦。临近毕业时，我忽然接触到'教师'这个职业，我仿佛被点燃
了。我立刻就明白：这才是我未来真正要走的道路，我可以以'教师'的名
义将上述学科的学习包融其中。心中的方向已定，就不再彷徨，前进的道路

也就明朗起来……"

1998 年，萨拉大学毕业，获得文学学士学位。毕业后，她在锡达福尔斯社区学校任教一年，教授高中英语。1999 年，她进入约翰斯通高中。2003 年，她开始担任该校英语系的主任（注：类似于我们所说的教研组长），现为 10 ～ 12 年级学生的英语教师。另外，萨拉常常是爱荷华州立大学的座上嘉宾，为职前教师开设"技术与教学"课程。正是因为她充满智慧的教学、以学生为中心的教育理念、孜孜不倦的研究、无私的奉献，使她赢得了诸多荣誉，如："最有前途教师"奖、"未来教育领军人物"奖、爱荷华州 2009 年度教师等；自 2002 年开始，她连续七年蝉联约翰斯通高中"最受欢迎教师"奖。

在很多人看来，萨拉天生就是当教师的料。在推荐信中，萨拉的同事这样写道：

我们很多同行都认为萨拉在教学上有一种天赋，而这种天赋很早就显露出来了。当萨拉还是一个大学新生的时候，她的老师——爱荷华大学的米歇尔博士——告诉我们，她用一种巧妙的方式搞定了一个非常难缠的中学生。

当萨拉还是个实习教师的时候，她当时的指导教师薇姬——她本人是 2005 年度爱荷华州立教师人选——毫无保留地赞扬了萨拉对教学的理解和对教学的激情，她说萨拉作为实习教师教授的 AP 阅读与写作帮助了很多气馁的、放弃学习的 9 年级学生，在教学中她激发了学生的能力和学习兴趣。

她还说："萨拉不仅成功应对了挑战，还教会了我新的教学策略。我仍然记得她有一天来到学校时背着一包 Goodwill 的鞋，只为寻求一个写作计划的灵感；她为了教弥尔顿的《失乐园》，带了一些苹果来学校。无论任何水平的学生或任何学科的问题，萨拉总能找到吸引学生兴趣的方法。"可贵的是，一直到现在，萨拉仍然在努力激发学生的学习兴趣。萨拉曾经组织了一个名为"捐款建议项目"的活动，这个活动是一个能完整诠释什么是有效

的、能激发学生兴趣、以学生为中心的教学范例。2009年春天，这个课例被收录到专门帮助爱荷华州教师理解"爱荷华州核心课程在实施中应采取何种有效教学方式"的 DVD 中，以供其他教师学习。

萨拉天生对教学的敏感，与其对学生的关注密切相关。在美国年度教师颁奖礼上，萨拉这样说道：

此时此刻，我深深地想念着我的学生。我来这里，是代表我的那些不能来的学生们发言的。如果我们倾听他们的声音，就会发现他们的话语总是那么富有主见。莱布莉会说她有权获得有价值的学习体验；罗伯特希望老师能把他看作一个独立的人，而不是成绩单上的号码和分数；梅勒迪斯会大声地要求创新型的课程；贾米娜则坚持她应该拥有充满激情的老师。他们共同的声音就是：我们要的是 21 世纪的老师，而不仅仅是一个在 21 世纪给我们上课的成年人。

我们对于学生的期望，和对自己孩子的期望并无二致——让他们的优点得到认可，让他们从自己的缺点中学习，让他们被看作充满无限潜力的人。

有些时候，我们可能因为难以把握该坚持哪些东西而感到不知所措，但每一个学习者都是一个故事。我把这个世界当作一个个故事，并且相信这些故事会支持我们，指引我们。有些时候，我们可能会面临挑战，无所适从，但正因为如此，我对语言所具有的让人改变的力量深信不疑，它会使我们团结在一起，我相信我们学生的故事会支撑我们走下去。

今天，2010 年年度教师之所以团聚在这里，是因为我们的学生没有来，是因为他们的故事鞭策着我们来到这里，是因为这是我们梦想开启的地方。

每个学习者都有一个独一无二的故事

在萨拉眼里，这个世界是以故事的方式呈现在我们面前的，每个学习者也都有一个故事——独一无二又渴望被理解。所以，萨拉希望在与学生的交往过程中，建立一个学习共同体。在这个学习共同体中，大家可以随心所欲且持续不断地交流故事，以展现每个人生活中的各种可能性。

正是通过交流故事，萨拉加深了对学生的理解，也奠定了因材施教的基础。例如，萨拉所教的普通课程班上曾有一个十分调皮的孩子王，名叫泰勒。他是同龄人眼里的"英雄"，对同龄人影响甚深。萨拉知道只有了解泰勒，才能了解班级；只有处理好和泰勒的关系，班级学习共同体的构建才有希望。

一天，萨拉通过阅读泰勒的日志，知道他喜欢画画，而且在绘画方面颇有天分。萨拉想，何不从绘画入手，唤醒泰勒沉睡的心灵？经过多次邀请，泰勒终于答应萨拉带他的作品来班级展览—— 一篇文学作品的人物原型。萨拉特意将其作为她所教的高级课程班的学习内容。在萨拉的精心策划下，下面一幕就出现了：

泰勒将自己的作品张贴到年级公告栏后，高级课程班的学生发现泰勒的作品是他们学习的文学原型。萨拉立刻分发给高级课程班的学生一堆便条，让他们结合学习内容，就这幅画写下自己的所思所想，并将写满所思所想的便条贴在泰勒的画作周围。第二天，萨拉带泰勒参观了四周贴满便条的画作，并对泰勒说："评价艺术家的最好方法是看其对他人的影响。"这些来自高级课程班学生的便条，从各个角度分析并称赞了泰勒的绘画，对泰勒形成了巨大的冲击，让他看到了一个截然不同的自己。

从此，萨拉的普通课程班上多了许多"艺术家"。当然，泰勒的转变尤其明显，他也一改以往对萨拉的傲慢态度，每次见到萨拉，都会主动打招呼，这种习惯一直延续到泰勒毕业。

在学习共同体里，萨拉不仅仅强调分享故事的重要性，还利用各种多媒体技术，促进学生开展合作，进行探究式的学习。萨拉的课堂不仅仅设在教室内，还设在校园的树荫下、社区的图书馆里，在各个值得探究的问题领域里。她鼓励学生"智力上的冒险"，允许他们失败，并不施惩罚。面对学生呈现的丰富多彩的故事，她仔细地阅读，关注细节，关注学生的潜力，并利用 iPad 技术给予及时的反馈。iPad 的利用拉近了萨拉与学生的距离，也促进了学生的进步。学生们真诚地说："不仅我们会反复地聆听萨拉的反馈，我们的父母也会听。"家长也都说他们的孩子在高中的学习方式是那么与众不同，而萨拉又是如何让这些孩子做得更好。有一个学生家长是社区的法官，他对萨拉给学生的反馈录音很感兴趣，在一次家长会上他对萨拉说："听你给我女儿的作文点评，我的写作水平也提高了！"

每个学习者都有一个独一无二的故事，因而需要更有针对性的课程。萨拉所在的约翰斯通高中有 1300 名学生，她教 10～12 年级的英语，且从 2003 年以来担任该校英语系的主任。为了让英语课程更富有针对性，她带领全校英语教师为学生开设选修课，仅 2010 年就开设了 15 门，并且将学生的兴趣和认知方式都考虑进去。这使该校的英语课程单看上去简直就像一个大学的课程单。一旦学生完成了必修课，他们可以选择自己感兴趣的选修课，比如研究比喻的"在路上"，研究体育文化重要性的"体育、竞争与文化"，探究历史上性别角色的"性别游戏"，以及其他包括新闻学、劝说性写作与演说、作为文本的电影、演讲等选修课。其中，"性别游戏"是萨拉亲自讲授的，此外她还给高年级学生讲授"AP 文学与写作"。

在年度教师颁奖礼上，奥巴马总统这样说道：

　　她的学生不只学习如何写五段作文，还学习歌曲创造、公告撰写、制作电影故事画板，甚至为自设的非营利组织写赠款建议。她的一个学生说，在她的课堂上，没有无益的讨论，没有无意义的作业，没有一天是无聊的。我不确定当年我在学校里的时候也能够这么说。

　　萨拉还抽出额外的时间去帮助和鼓励那些在学习上存在障碍、缺乏自信的学生。每一个家长都说她是他们孩子最喜欢的老师，说她有一种特殊的方法，能让孩子们去实践自己的想法或者是大声说出自己的意见，还说孩子们都认识到了在萨拉老师课上学到的东西对于他们未来的学习非常重要。萨拉的这种能帮助学生达成目标的能力不仅是一种技能，更是一种天赋。约翰斯通高中的校长布鲁斯·霍克说：

　　萨拉有很高的期望，她几乎是帮助学生最多的老师。她无论上班前还是下班后都想着学生，她为不同的学生提供不同的指导，充分展现了她的教学灵活性。她自愿教低阶英语课，在帮助这些有学习障碍的学生方面取得了非常了不起的成就。

　　通过一个个故事的阅读、理解与交流，萨拉与学生建立了融洽的关系。萨拉积极给予学生希望，尤其是鼓励那些自我放弃的学生。在国家年度教师的参评申请书中，萨拉动情地写出她的几个学生的惊人变化，并写出了自己转化一名学生时的心路历程："我不问什么（what），而问为什么（why）；不问为什么，而问为什么不（why not）；不问为什么不，而问如果……将会怎样（what if）。"

教师只是学生的学习带头人

　　长期以来，我们都将教师定位为"传道、授业、解惑者"，强调教师的权威性。不过，在社会多元化、知识大爆炸的年代，教师固有的"知识代言

人"形象日益受到挑战，教师作为学习带头人的角色日益受到重视。2010年美国年度教师萨拉·布朗·韦斯林在教师角色定位上，为"学习带头人"提供了一个可供借鉴的样本。

新学期开学第一堂课，和其他教师不同，萨拉没有给学生分发教学大纲，而是让学生在教室里围坐成一圈，每个人都可以看到彼此的脸。然后，萨拉给同学们发了一份柏拉图的《山洞隐喻》[①]，并点亮一根蜡烛，要求同学们在这堂课结束时说出自己对这门课程的期待。

萨拉这样做，意在鼓励学生主动建构他们自己的学习经验，成为学习的主人。围坐在一起这件事本身就在不断提醒大家，课堂上大家应齐心协力，参与到共同探索之中。教师与学生平视，不俯视他们，也不远离他们。教师和学生会平等地围坐，但职责却不尽相同。教师的职责是为学生们提供能调动他们积极性的挑战，并将他们推向自己的"认识临界"。因为课堂的核心在于每个学生对文本的参与，教师的任务便是做一个博学多闻而又思想开明的人，见证学生的每一次探索。萨拉说："这件事明确表明了我的教学理念——学习的力量存在于每位学习者的心中，教师只是学生的学习带头人。"

萨拉将自己视为"学生学习的带头人"，不仅体现在她的教学理念上，也体现在她的教室布置上。在白宫玫瑰园，萨拉发表的获奖感言，有一段话让人印象深刻：

---

① 柏拉图的《山洞隐喻》（Parable of the Cave）主要讲述了这样一种情形：设想有一群囚徒，终其一生都居住在洞穴里。他们始终被缚手缚脚，脖子也无法转动，既不能互相交流，也不能互相观看。他们所能看到的只是洞穴的内壁。在洞口外，有一堆火，来往的各色人物、动物，在火光的照耀下，洞穴的内壁就会投下各种形状的阴影。在这样一个诡异的场景中，这群被缚的人能看到的只是这些阴影。所以，他们很可能会以为洞穴上的影子就是真实的事物。可怜的囚徒，用来比喻未受过教育的人；阴影则象征着事物的表象。唯有实现心灵的转向，逃离洞穴，才能看到洞外的真实景况。参见：丁道勇.一本书读懂杜威[M].北京：中国青年出版社，2010.

　　如果你到我的教室参观，你首先应该会注意到我的讲桌设在教室后面的角落里。尽管按照教室原先的设计，老师的讲桌应该摆放在教室的前面，但我还是执意把它设在后面。这种安排是为了明确地表达一项不容置疑的理念——教学，必须以学生为中心。"摆放在教室角落的讲桌"，这一举措消除了老师与学生之间的等级隔阂，营造了一种"教师是学生的学习带头人"的氛围，并逐渐发展出一种相互依赖的师生关系，让教室这一封闭的空间无限开阔起来。当学生置身于这种开放的学习模式时，就会从单纯的课程消费者转变为自己学习的设计师。

　　萨拉解释说，这是"以学习者为中心"这一教育哲学的外在体现。她坚信："教学必须以学习者为中心"：

　　学习是建构的，学习的力量存在于每一个人的身上。所有的孩子都是有备而来的，他们具有足够的潜能、好奇心和兴趣，并可藉此来建构自己的学习体系，与所处的环境带给他们的一切保持协调。

　　作为"学习带头人"，一个重要方面就是要发挥榜样示范的作用。在这方面，萨拉也为我们树立了一个楷模。在推荐信中，约翰斯通公立图书馆馆长戈斯这样写道：

　　我们回顾过去，总会想到那么一个人，她对我们的学习和工作产生了很大的影响。对于约翰斯通高中的那些学生来说，萨拉就是这样一个老师。我清楚地记得有许多家长告诉我，他们的孩子在萨拉的影响下，正努力成为一个教育工作者，而且有的已经实现了这个梦想。萨拉通过努力获得博士学位，获得全国教师资格证书。这给她的学生们树立了一个终身学习的榜样。她经常来图书馆查阅资料，参与读书俱乐部的活动，通过潜移默化的方式鼓励学生不断丰富课外知识。

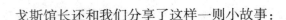

戈斯馆长还和我们分享了这样一则小故事：

有一次，一位来自阿拉巴马州的著名作家访问我们镇。因为萨拉与我们公立图书馆有非常密切的合作，她得知这一消息后，便带领她的学生参与这项活动，并让学生准备了思想深刻、富有见解的问题，参与到活动中。活动结束后，我曾经问萨拉为何这样做，萨拉告诉我说，她想让学生感受一下与作家当面交流的体验，这样他们在大学或者其他场合，能够有机会与其他作家交流的时候，他们会知道这种体验是怎样的。

萨拉把我们国家核心课程的素养吸收为她的课堂教学的基础，此外，她的领导力、视野、奉献精神以及对学生的热爱让人感到惊叹，她是本年度国家教师的理想人选。正如一位家长所说："如果我们能在每个高中都克隆一个萨拉，那学校一定会变成学生的天堂。"

作为"学习带头人"，还需要借助规矩的力量，让学生沿着既定的轨道前进。在萨拉的课堂，规矩就非常重要。在她的必修课"整合的语言艺术"（Integrated Language Arts）中，萨拉对课堂学习立了如下"规矩"[1]：

1. 出勤：课堂出勤是非常重要的，因为这门课的进程是非常严密的。如果你漏掉了一节课，你有责任来找我，以确定你需要作何弥补。所有的作业都将贴在教室后墙的日历上。缺勤不会被视为延期交作业的借口。简而言之，如果某项作业的上交日期已到，但你却没有来，仍然会被视为迟交作业，除非有提前安排或遇到了紧急情况。

2. 与学校有关的缺勤：我完全支持学生的课外活动，同时坚持认为，你首要的责任是对你自己的教育负责。为了获得全学分，所有跟学校相关的情有可原的缺勤，都必须提前请示。我再次强调，过多的缺勤，无论是跟学校有关或无关，很可能使你分心。

---

[1] 李茂. 全美年度教师的公开课 [N]. 中国教师报，2010-05-26.

3. 迟交作业：所有迟交的作业都只能获得一半的分。但是，如果出现情有可原的情况，可以在前一天提前告知我。每个学生一学期将获得两次延期交作业的机会，这两次的扣分减为 10%，而非 50%。

4. 关于剽窃：所有作业都必须原创。剽窃是不可宽容的。我将剽窃——使用他人的思想或文字而不注明——视为严重过失，在这门课上决不允许。我宁可看到你自己的作品，并为你提供多次修改和提高的机会，而不愿读到非你自己所写的文字。如果某项作业让你感到困难，我更愿意在课外花额外的时间帮助你成功。

学习的力量存在于学生心中

倾听学生的故事，将教师定位为"学习带头人"，这些观念都深深地影响着萨拉的学习观。萨拉相信，学习的力量存在于学生心中。因此，教学的关键是激活学生学习的激情。教师的教学不是注入容器，而是点燃蜡烛。

如何点燃学生学习的激情？萨拉认为教师必须了解学生，知道学生如何学习，明白学生何时需要何种反馈，清楚什么时候给学生提供帮助、什么时候让学生独立解决问题。学生建构知识，是在知识对他们有意义的时候，是在他们心中拥有一个真正的目标的时候，是在他们拥有听众给予他们参考的时候。给学生一个建构知识的理由，不仅仅是给予他们接受挑战的欲望，还有超越自我期待的动力。

鉴于此，萨拉重要的教学时刻通常发生在最不显著的地方：会议中和学生讨论写作方面的问题；课堂上对学生的某个项目的思路进行质疑、探究和提供支持；为学生做"发声思维"（think aloud），以帮助他们理解之前的知识；为学生的作品和作业提供丰富的反馈，以达到"不需要老师"的效果；等等。这种教学无疑获得学生的喜爱。新起点英语班的学生可以通过调查来

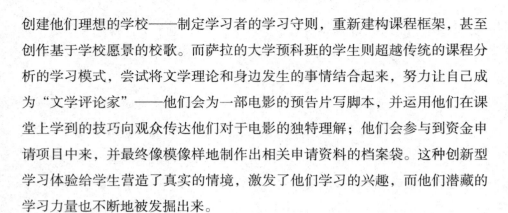

创建他们理想的学校——制定学习者的学习守则，重新建构课程框架，甚至创作基于学校愿景的校歌。而萨拉的大学预科班的学生则超越传统的课程分析的学习模式，尝试将文学理论和身边发生的事情结合起来，努力让自己成为"文学评论家"——他们会为一部电影的预告片写脚本，并运用他们在课堂上学到的技巧向观众传达他们对于电影的独特理解；他们会参与到资金申请项目中来，并最终像模像样地制作出相关申请资料的档案袋。这种创新型学习体验给学生营造了真实的情境，激发了他们学习的兴趣，而他们潜藏的学习力量也不断地被发掘出来。

学生在给萨拉的邮件，由衷地表达了对她的感激：

您启发我挑战自我的思维过程，并向我展示您是如何思考的……谢谢您的启发，让我每天都在思考、体会、反思。

萨拉的这些努力也深深感染了家长。在家长们看来，萨拉在点燃学生学习激情上，有两点做得尤为突出。首先，就是把每个学生都看作独立的人，并鼓励他们做最好的自己。约翰斯通公立图书馆的馆长戈斯的另一个身份是学生家长。他综合了其他家长的意见，在推荐信中这样写道：

家长都说他们的孩子在高中的学习方式是那么与众不同，萨拉懂得去鼓励那些学习不错的学生，使他们学得更好，她还花额外的时间去帮助和鼓励那些在学习上缺乏自信的学生。每一个家长都说萨拉是他们孩子最喜欢的老师，还说孩子们都认识到了在萨拉课上学到的东西对于他们未来的学习非常重要。我自己的儿子也说萨拉有一种特殊的方法，来鼓励学生们去挑战观点，这实际上也就是说出了学生自己的想法。萨拉这种帮助学生达成目标的能力不仅是一种技能，更是一种天赋。

当学生有清晰的目标，在自己的作品中看到属于自我的那份激情和干劲的时候，他们才会更加热爱和投入学习。当学生体会到思考的乐趣时，当学

生有了理性批判与怀疑精神时，他就会有对探索的热爱，会有充实的内心。正如法国作家安东尼·德·圣-埃克苏佩里所言，如果你想造一艘船，不要鼓励人们去伐木、去分配工作、去发号施令。你最应该做的是，教会人们去渴望大海的宽广无边和高深莫测。①

萨拉还善于布置独特而富有挑战性的任务，以帮助学生发展生活技能和学习技能。戈斯馆长举例说：

有一次，她设计了一个活动，让 AP 英语班上的学生为"如何建立美国梦下的社会"提出一个可行的方案。这项任务要求学生必须小组合作，研究真实的生活现状，根据任务的指导方针制定详细的发展计划和预算。同时，还要求学生每人都要向本组的专家特别小组做一次报告。该专家特别小组为本组提供支持并决定他们的计划预算是否能获得资金支持。无论他们提出的预算方案是否获得资金支持，都不影响对他们成绩的评定，而他们在团队合作、分析、表述、写作和格式、口语表达方面的表现才是影响成绩的内容。所有的这些技能都是学生未来升入高中、接受继续教育甚至是工作时需要的至关重要的能力。这些练习都运用了社会成员的基本技能，同时也建立了儿童和成人之间的桥梁。

随着时光的流逝，萨拉教与学的热情有增无减。她认为自己是幸运的，可以发现自己的激情，并找到合适的途径去表达它。所以面对诸多成就时，萨拉说：

尽管我可以说我最大的成就来自发表的文章、成功的职业服务、通过全国教师委员会的认证、我领导的一个系，或者我组织的一次国家会议，但这都不是真的，我的最大成就来自我的学生。

---

① 魏勇. 怎样上课，学生才喜欢 [M]. 北京：中国人民大学出版社，2016:28.

让学生共同走向进步

感谢您的教学方法与风格。您的教学超越了英语教学本身，远在课堂教学之外。师从于您仿佛向生活学习，获得成长的机会。您提倡在过程中发展理念，而非仅仅提供观点；您为认知的发展营造了完美的环境；您的每一位学生都在惊人地进步……

这是一封来自爱荷华州约翰斯通高中学生的信，收信人是约翰斯通高中的英语教师萨拉·布朗·韦斯林。很多学生虽然毕业多年，但还经常回母校看望萨拉。他们在相互交流中，总是回忆和她一起度过的美好时光，对萨拉深厚的专业素养、善良的品性、对学生的爱表示由衷的感激和赞扬。

只要提起萨拉，学生都不由得赞叹——她真"酷"！她的教学充满着魔力！2009级的学生阿伦这样说出自己的感受：

萨拉会认真地教她班级的每一个学生……她组织的每场讨论都富有成效，她的每次评价都重点突出，她安排的每次活动都丰富有趣。无论我们多么努力、认真地学习，她总会比我们更努力，更认真。

2008级学生科格坦言：

作为她的学生，我在学习上从未感到吃力。这并不是因为学习本身就很简单，而是因为她让我们感觉我们所做的一切都是有价值的。

萨拉的另一种魔力是她能让班级变成一个有机的"整体"，这是她的班级管理最为显著的特色。比方说，在阅读教学时，她喜欢组织小组活动，让学生与同伴们共同完成课堂任务。这些活动可以帮助学生了解其他人的想法，同时也让学生有机会自由地表达自己的意见，这比独自阅读文本更富挑战、更有难度。可以说，萨拉大大丰富了阅读的内涵，引导学生把自己的体

验、想法以及在校园内外的见闻都融入到阅读之中，使学生能够获得远远多于书本的经历和感受。2007级学生凯尔西这样说道：

我们之间有一个心照不宣的承诺——萨拉一定会亲自带领、指导和帮助我们每个学生通过期末考试，并且不仅仅是通过。今后，我们还将继续共同面对人生的风雨。

萨拉营造了一种热情洋溢的学习氛围，可以感染置身其中的每个人，即使是一个被其他人放弃的，甚至是自暴自弃的学生都会变得非常积极好学，积极参与讨论、提出意见，表现得非常活跃。由于她的教学充满感染力，充满激情，学生们都喜欢她的课，并从中获得很多对未来的学习生涯有益的宝贵经验。2003级学生约翰指出：

曾经有一段时间，我在阅读方面有很大的障碍。我的阅读水平远远低于我的同学们，以至于我不得不接受社区特殊教育机构的帮助……通过学习二年级英语……她极富感染力的教学和鼓励帮助我重新获得了在阅读能力方面的自信……她通过补习二年级英语阅读的方式把我这样一个成绩不合格的学生培养成了能够考上大学的优秀学生，而且我现在还考上了研究生。我想，这应该是她作为一个教育工作者最值得骄傲的成就。

2007级学生基莉指出：

她帮助那些自暴自弃的学生对抗消极情绪，对未来充满希望，最终帮助他们考上大学并获得学士学位。她在其中起到了很大的作用。

2003年毕业于萨拉班上的瑞秋·马勒，现在回到约翰斯通高中担任英语教师，和萨拉成为同事。她的发言很有代表性：

现在，我无时无刻不感到我能够成为她的学生、她的同事是多么幸运。

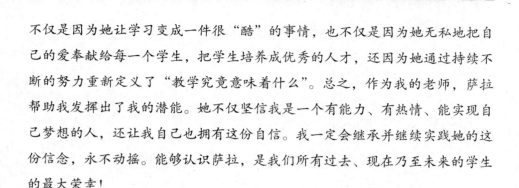

不仅是因为她让学习变成一件很"酷"的事情,也不仅是因为她无私地把自己的爱奉献给每一个学生,把学生培养成优秀的人才,还因为她通过持续不断的努力重新定义了"教学究竟意味着什么"。总之,作为我的老师,萨拉帮助我发挥出了我的潜能。她不仅坚信我是一个有能力、有热情、能实现自己梦想的人,还让我自己也拥有这份自信。我一定会继承并继续实践她的这份信念,永不动摇。能够认识萨拉,是我们所有过去、现在乃至未来的学生的最大荣幸!

卓越之道

教师专业共同体

无论在森林、草原、山丘和平原,还是在人工菇房,五颜六色的蘑菇,喜欢聚集在一起,长成团、簇、丛的生态,一般称之为"蘑菇现象"。[①] 就教师专业发展来说,也有着类似的"蘑菇现象"——在教师团队中,相互影响相互促进,从而共同走向卓越。这一现象背后,彰显了教师专业共同体(Teachers' Professional Community)在教师专业发展中的重要性。

教师专业共同体是在学校推动下或在教师自发组织下,基于教师共同的目标和兴趣,以分享、合作为核心,以促进学生学习为纽带而建立的一种专业性团体,旨在通过合作对话与分享性活动促进教师专业发展。从 20 世纪 60 年代开始,教师专业共同体就已经开始引起教育研究者的关注与重视。不断有学者提出,教师专业发展最理想的方式之一就是教师小组或教师之间的合作,这种合作为教师提供了平等交流的机会。教师正是在自身不断学习与经常向同事学习的过程中得到发展。也有学者基于组织学习理论指出,如果将教师的专业发展看成是一个组织学习过程,在学校这一组织里,教师的

---

① 赖学军."蘑菇现象":优秀教师团队的生态研究 [J]. 中国大学教学,2012(11).

专业学习不应局限于自己的教室，而应发生在学校的各个层面，教师专业学习是在班级、备课组、教研组、学校教研活动、校际交流等过程中开展的一种合作化教学实践性的学习。随着时间的推移和教育理念的时代变迁，教师专业共同体理念在教育领域得到了越来越广泛的肯定和认可，正在当下的教育场域中彰显着巨大的理论和实践力量。

在萨拉迈向卓越教师的道路上，也可以明显看到这种专业共同体的力量。她在她的博客中写道："我们需要的是 21 世纪的教师，而不只是在 21 世纪教书的成人。"她同时也表示："孤立通常会导致平庸，平庸的最终结果就是教师在自己的岗位上平平淡淡地工作几十年，然后退休。"作为专业人员，萨拉致力于打破这种教师间的孤立状态，积极寻求教师之间的合作与交流。

萨拉不仅仅是学生的"学习带头人"，还是教师的"教学带头人"。负责评选"国家年度教师"项目的美国公立学校首席官员委员会执行主任吉尼·威尔霍特赞扬萨拉是"我们所要求的优秀教师的典范，同时也是新同行的优秀导师"。在爱荷华州立大学的课堂上，萨拉向职前教师展示如何将他们喜爱的科技产品（笔记本电脑、黑莓手机等）变成促进学生有效学习的工具。在约翰斯通高中，萨拉的教室的门总是打开的，她欢迎学生、实习教师等其他人走进她的课堂。在英语系里，萨拉取消了制定决策的层级结构，实施更为平等的领导方法。

在年度教师颁奖礼上，萨拉也从教师专业共同体的角度赋予了美国年度教师以新的内涵：

我想，对于美国年度教师这项荣誉，有一个概念上的误解，认为这项荣誉是将一个老师和另一个老师区别开来的标志。我以为，这个奖项不是为了彰显不同，而是为了表彰我们教师的共同点，表彰使我们团结在一起的那些东西。它包括了我和丹尼尔老师认真探讨后的感悟，包括我和凯特老师共同

参与的设计，包括我和梅丽莎老师共同拥有的对孩子的爱，包括我和埃德老师共同追求的理念——所有这些都是在场的和不在场的老师们所共有的。这项荣誉，表彰的是我和每一位站在这里的教育者对教育的共同的追求。

有意义的合作是专业学习共同体的核心。在共同体中，教师摆脱单打独斗的学习和工作方式，互相寻求专业支持，这意味着每个人都要敞开潜藏在内心的思想，都要学会接纳彼此的异质性经验。通过相互观课、提供反馈、协助对方解决困难，构建起促进学习与发展的合作性同事关系，在教师之间实现文化分享。这一点在萨拉的教师团队中得到了充分的体现。

以下是与萨拉一起工作过的同事们为她写的同行推荐信，执笔者贝卡·林达尔，也是萨拉的同事。这封推荐信从一个侧面反映了萨拉在教师专业学习共同体中的重要作用。

我曾经与她并肩工作过三年。我们对于萨拉的推荐意见正如她在约翰斯通高中的同事梅丽莎·怀特所言："写这封推荐信时，我感觉自己就像一个走进糖果店的小孩，激动莫名而又眼花缭乱，不知道在这短短的一页纸中如何表达对她的赞扬。"

每次和萨拉一起合作，她的学习能力和学术素养都让我感到惊异，不仅因为她理解深刻、富有逻辑的语言表达艺术，也不仅因为她对于专业学习以及"教育工作者如何学习才更好"的准确领悟，还因为她高度的自我反省和无穷的活力。每当我和她在一起工作时，我总能从她身上学到东西——她的激情、她的热情。她虽然年轻，但由于她丰富的专业知识，使得她已成为青年教师甚至是熟练教师的榜样，这种榜样作用甚至要大于那些即将退休的教师。我想这大概就是萨拉能当选为一位年轻的美国年度教师的另一特质吧！

灵魂人物是专业学习共同体得以延续的必要条件。教师专业学习共同体构建及维系的过程充满着矛盾与冲突，缺乏对这些困境的清晰判断和系

统思考，很容易流于形式或功亏一篑。教育学者迈克尔·富兰（Michael Fullan）这样说道："已被证明在任何深度和广度上建立专业学习共同体都极为困难。"[①] 为了对这些困境形成清晰判断和系统思考，尤为需要灵魂人物发挥作用。作为教师"教学带头人"，萨拉总能激发其他教师的干劲。在同行眼中，萨拉是当仁不让的学习领头人，带领着同事一道前行。

　　教师在专业共同体组织中发现问题、提出问题，并且共同探索问题解决的方法，在此过程中会对共同体产生认同感和归属感，从而形成共同体的情感基础。约翰斯通学区的助理监管人詹姆斯·凯西博士这样说道："萨拉有一种独特的天赋，这种天赋总能带动她身边的人取得更高的成就——无论是她的学生还是她的同事，甚至是她的领导。"也正因为她这一优秀品质，曾和她共事过的人以及现在的同事都认为萨拉成为 2010 年美国年度教师当之无愧。

---

① Michael Fullan. 教育变革的新意义 [M]. 武云斐，译 . 上海：华东师范大学出版社，2010:105.

2009 美国年度教师：安东尼·马伦

区　　域：康涅狄格州

任教学校：格林威治高中阿奇学校

学校类型：郊区学校

学　　科：特殊教育

学　　段：高中（9～12年级）

教　　龄：7年

> **教育箴言：** 作为一名警察，当你碰到那么多迷途少年而想拉他们一把时已经太迟。当教师则不同，你可以花大量时间帮助那些迷途少年，及时阻止他们犯罪或伤害别人，让他们回归正轨而不是走上歧途。

"最伟大的社会变革机构是学校，最伟大的变革工具是教师。" 这是安东尼·马伦（Anthony Mullen）的信条。凭着对工作的执著和热爱，凭着在工作上做出的巨大成绩，2009年4月28日，美国白宫玫瑰园举行了奥巴马就任总统以来的第一次授奖仪式。安东尼从奥巴马手中接过了"水晶苹果"奖

杯，成为美国历史上第 59 位美国年度教师。[1]

人 物 素 描

从警察中走出来的美国年度教师

有一篇关于乡村教师逃离的研究为我们呈现了我国乡村教师的大体状况。研究者去 G 县调查时，G 县所在的省公安厅、人社厅、财政厅等单位联合下发了关于在全省各市（州）、县（区）公安派出所公开选拔人民警察的通知，其主要内容如下：

选拔范围为：乡镇（街道）、县市区机关事业单位占用事业编制的在职财政供养人员。须同时具备以下四个条件：1. 占用事业编制的人员；2. 必须是在职干部；3. 由财政全额供给；4. 所在单位同意报考。

通知下发到县后，县教育主管部门最初的态度是限制乡村教师报考，因为县上担心乡村教师报考会导致山区教师的流失加速，从而严重影响山区教育教学工作。然而"限考"后，体制内的其他行业人员和城区教师报名的太少，达不到开考比例。县上为了完成这次招考任务，不得已又取消了对山区教师的报考限制。 此消息一经发布，符合报考条件的乡村教师，尤其是乡村男教师大多竞相报名，成为本次公开招警考试的"主力军"。[2]

无独有偶，在大洋彼岸的美国，也有一则有关教师和警察职业选择的故事，故事的主角就是新任美国年度教师安东尼·马伦。安东尼所任教的阿

---

① 1957 年出现了特例，共有两位老师获奖。

② 谢丽丽. 教师"逃离"：农村教育的困境——从 G 县乡村教师考警察说起 [J]. 教师教育研究，2016(3).

奇学校① 位于康涅狄格州格林威治，是格林威治高中的选择性教育分校。和一般教师相比，安东尼显得非常特别，不仅仅是因为他是一位特殊教育教师——他的学生有着各种各样的情感与行为障碍，还因为他的教龄远远不及他的警龄，他在做教师之前当了 21 年的警察！实际上，安东尼先后从事过工人、缉毒警探等工作，最后来到教师行业，成为一名特殊教育教师。作为一名教师，安东尼帮助了多名徘徊在社会边缘的"问题少年"迷途知返。

安东尼于 1960 年出生在纽约市的布朗克斯，1978 年从纽约的法拉盛高中毕业。由于家境的限制，他不得不放弃上大学的念头，放弃当教师的梦想，开始了打工生涯。经过重重波折，安东尼终于在 2001 年于纽约的莫瑟尔学院获得了初等教育与特殊教育的硕士学位，如愿当上了一名教师，踏上了挽救"问题少年"的征途。

教 书 生 活

坎坷教书路：为了那些迷途少年

安东尼是移民的后代。当年，他的祖父母为了逃离贫穷的欧洲，带着他的父亲移民美国，他的母亲也是一位移民。另外，他的父母亲都亲历过美国历史上的大萧条，也都经历过第二次世界大战，备尝生活的艰辛。实际上，他的父亲很早就从高中肄业，参了军，在南太平洋地区作战；他的母亲则亲眼目睹了纳粹德国的轰炸机投下如雨点般密集的炸弹，炸毁了她的家园，炸死了她的双亲。父母亲的生活经历，让他们更加珍惜当下平静的生活，更加勤勉地工作，渴望为孩子创造一个尽量美好一点儿的世界。

安东尼在童年时代，父母就不时地提醒他，只有接受了良好的教育，才

---

① 是格林威治市为有危险性学生群体设立的选择性的特别学校（alternative high school），被形容为一所让这些学生得到受教育的最后一个机会的学校。这是针对不适合一般常规教育的学生，提供具有中介、衔接性作用的另一种教育设施的教育方式。

能在心中彻底消除数百万战争受害者曾经遭受的贫穷、饥饿和战争的阴影，才能彻底消灭愚昧和无知。他们想要安东尼成为家族里的第一代大学生，甚至在他卧室里的小小的金属垃圾箱上用纹章装饰大学校徽，以此来鼓励安东尼用功读书，将来能够上大学。安东尼回忆说：

> 直至今日，我依然清晰地记得那个小小的金属垃圾箱，记得那个垃圾箱承载的渴望。可以说，父母亲的生活经历和举止行为深深地影响着我。

不幸的是，在安东尼读高中的时候，父母双双离他而去。于是，他只能到工厂去当一名工人，维持生计。整天站在装配线旁做着机械的活，让安东尼有大量的时间对未来进行思考。安东尼知道，他需要做出改变，他想成为一名教师，但是他承担不起念大学的费用。他当时想到的就是需要找一份薪水高一点的工作，以便更快地攒钱读书，而不能将一生耗在装配线旁。后来，他有幸被纽约市警察局选中，成为一名警察。在纽约市警察局一干就是20多年，从一名普通警察，一直做到了上尉。不过，安东尼一直没有忘记心中的梦想：

> 我从来没有忘记我的渴望和责任，我要成为家族里的第一个大学生，而且要当一名教师。

机会再次垂青有准备的人。长岛大学提供了一个专门针对那些无法按时上课的警察和消防队员的特殊学位项目。安东尼抓住了这个机会，来到长岛大学读书。安东尼读书十分用功，最终以优异的成绩毕业，并且获得了"最优秀毕业生"的荣誉称号。他终于实现了父母生前的期望。

在警察局工作期间，安东尼经常和那些"问题少年"打交道，目睹很多年轻人因为无知而让自己身陷困境。他知道，这些年轻人除非接受高质量的教育，得到正面榜样的影响，否则注定会蹲监狱。对此，他希望自己能够做点什么，确切地说，是希望成为这些人的榜样。于是，他当教师的梦想再次

被激活。他于 2001 年在纽约的莫瑟尔学院获得了初等教育与特殊教育的硕士学位，立志成为一名教师。安东尼谈及自己弃警从教的选择时说：

作为一名警察，当你碰到那么多迷途少年而想拉他们一把时已经太迟。当教师则不同，你可以花大量时间帮助那些迷途少年，及时阻止他们犯罪或去伤害别人，让他们回归正轨而不是走上歧途。

拿到学位之后，他迫不及待地想教那些需要获得人生第二次机会的年轻人，于是从警察局办理了退休手续，准备应聘特殊教育教师的职位。他说："我主动地寻找那些岗位描述含有'教有严重行为与情感问题的学生'的教职。我知道，我的履历和工作经验证明了我具备帮助这类年轻人所必需的同情心与技能。"事实上，安东尼从内心深处，并没有将这些学生视作"无药可救"的人，相反，正如他所在学区的督学所言，他把教这些学生"视为一种荣誉与特权"。

安东尼任教的第一年，即 2001—2002 学年，是在纽约一所学校任特殊教育教师。后来他去了阿奇学校。在获美国年度教师这一殊荣之前，他已经在这所学校任教了 7 年。他用自己的行动证明，童年时代的阻碍与挫折，并不是命中注定的。他也经常向那些"问题少年"讲述自己的亲身经历，让他们不要对过去过于介怀，而要对未来充满期许。

激情、专业精神、坚持不懈

如何成为一名卓越教师？这无疑是一个见仁见智的问题。对 2009 年美国年度教师安东尼而言，激情、专业精神和坚持不懈是造就一名卓越教师的三大法宝。安东尼指出，自己的教学理念就是建立在激情、专业精神和坚持不懈这三大"支柱"上。

在阿奇学校，有的学生饱受抑郁、焦虑和精神错乱之苦，有的终日酗酒或沉沦于毒品之中。此外，这些学生还遭到一些社区居民的排挤，一些居

民甚至向当地媒体发表不实言论，诽谤这些学生。面对这样一群学生，安东尼深知需要挽救他们，让他们重新出发，他唯有将上述三大特质发挥得淋漓尽致。

安东尼强调教师必须在课堂上释放激情，因为这种强烈的感情，能够照亮孩子们的学习之路，鼓励他们不断追求进步，点燃他们一度被忽略的心灵火焰。学生无法对激情视而不见、无动于衷，在有激情的教师身上，学生可以感受到力量、热情和创造力，并且意识到，教师教的那些东西确实非常重要，值得学习。可以说，对自己工作充满激情的教师，能直接且不断地鼓舞学生，激发他们内在的主动学习的意愿。正因为如此，安东尼每天都将激情带入课堂，亲近那些很多人认为难以接触的孩子，花数小时给学生作个别心理辅导，心怀同情地倾听学生，给予他们关注，从而感染、激发每一个学生。

在业余时间，安东尼也激情洋溢，充满活力。他是同事的导师，和同事们一道积极交流教学心得；他领导了一个为被开除学生提供学业支持的项目，和他们建立了良好的师生关系；他还是一个青年棒球队的志愿领队，在他的带领下，队员人数从 200 人增长到 1000 人，年轻人由此获得了他们成功所需的自信和团队技能。

在安东尼看来，成为一名具有专业精神的教师，并非掌握学科知识与教学技能、获取教师资格证书那么简单。具有专业精神的教师必须超越现有的教育理论与哲学框架，成为一名艺术家。安东尼坦言："教师必须把自己的工作当成艺术来做，因为与所有艺术家一样，教师每天也在不断创造。托付给教师的最重要的任务，就是塑造有才智、讲道德、有益于社会的年轻人。而要完成这项任务，教师必须充分了解孩子们的个性，了解他们的学习特点，让工作充满创造力。"

卓越教师不仅有看到学生潜能的能力，还有看到潜能展开与发展的必要耐心。从这个意义上，坚持和耐心成为衡量一名教师卓越与否的重要标

志。安东尼所教的都是被诊断为有行为与情绪障碍（Behavior and Emotional Disorder, BED）的学生，他之所以能够坚持教他们，靠的就是坚持不懈的毅力。在很多人眼中，这些学生都是无药可救的，他们桀骜不驯、咄咄逼人，缺乏通过常规方式寻求帮助所必需的社会技能。他们在学校就像坐滑梯一样一滑到底，最终不是自我封闭就是辍学。

面对这些"无药可救"的学生，安东尼看到的却是他们掩藏在这些表象下的心灵："这些学生极其渴望教师能够为他们的黑白世界染上色彩，但他们没有能力表达出自己的独特需求。教师必须找到教育、辅导这些脆弱的学生的决心，因为我们的出现意味着一个更加美好的明天。"

每天面对着这些学生，安东尼都以激情、专业精神和坚持不懈这三大支柱为动力。安东尼说："我的学生尽管存在很多问题，但仍然具有感受真诚的能力，因此，我必须践行我自己所宣扬的教育思想。如果我的学生感受不到我教学的激情，作为教师，我是失败的；如果我的学生感受不到我带入课堂的专业精神，作为教师，我是失败的；如果我的学生不相信我会坚持不懈地带领他们迈向成功，作为教师，我也是失败的。"

和新手教师一起成长

毫无疑问，初任期对新手教师来说，都是无比艰辛且充满挑战的。因此，实施导师制，让经验丰富的老教师对新手教师进行辅导，充分发挥有经验教师的帮带作用，成为很多学校建立新手教师支持体系的主要方式。

一般来说，"导师制"有"正式导师制"和"非正式导师制"两种形式。"正式导师制"由校方或学区指派，有明确的责任和义务，"非正式导师制"是临时性的。近些年来，在美国有更多的人参与到"导师"队伍之中，从而形成了"指导小组制"。比如，在佛罗里达州，每一位新手教师都有一个指导小组，包括一名校长、一名同伴教师和一名其他的专业教育者。

作为一名经验丰富的老教师，安东尼有着丰富的指导新手教师的经历。

这种经历，让他对如何最大限度发挥导师制的作用有了自己的看法。在安东尼看来，导师制确实是促进新手教师成长的重要方式，而要发挥好这种方式，作为导师需要具备一些特质，尤其需要智慧和策略。安东尼特意以自己带新手教师的一次经历来具体阐述他的观点。

几年前，安东尼所在的高中来了一位新手教师。她个头矮小，貌不惊人，却展现出勃勃生机和对工作的憧憬，而这种精气神正是教育这所高中那些存在严重行为与情绪障碍的学生所迫切需要的。当然，安东尼很清楚，这位新手教师之所以被分配到这所学校，可不是因为相关人士看中了她的这种优良品质并希望她藉此在这所学校发光发热。实际上，原因很简单——其他教师都不想到这所学校工作，仅此而已。

安东尼更清楚的是，这位新手教师缺乏相关教学经验，而且由于个子矮小，在形象上没有一种威慑力，这会很妨碍她在这所学校教那些存在严重行为与情绪障碍的学生。按常理来说，学校需要的是经验丰富的教师，而不是一位刚刚大学毕业、从没有教过书的年轻人。安东尼在这所学校待了好几年，他很清楚，这位新手教师即将面临重重考验。①

学校指定安东尼来做这位新手教师的指导教师，一方面是因为安东尼在辅导新手教师方面获得过最佳导师的认证，有这方面的资质；另一方面是由于安东尼的课堂管理确实很有一手，这对于教导有行为与情绪障碍的学生，尤为重要。面对这样一位新手教师，安东尼知道指导的过程不会很轻松，而要让这位新手教师真的有所收获，成长起来，指导还得讲究策略。

———————————

① 像安东尼所在的薄弱学校，新手教师的流动率非常高。有研究对这种情况进行了专门的分析，认为薄弱学校新手教师流失率高，一方面由于教师自身因素——很多教师感觉很多东西都无法应付，他们对自己的教学工作持否定态度，和同事、领导、学生有"隔阂"，常常感到失望、焦虑；另一方面，学校把初入职的教师同老教师同等对待，给他们委派同样难度的课堂教学任务，并且期望他们能够同有经验的教师一样表现出相当的专业技能，高效地完成任务，这样使得新手教师难以达到学校的要求，也就产生负面影响，导致新手教师容易流失。参见：刘小强，王德清.美国吸引高质量教师到薄弱学校的新举措 [J]. 外国教育研究，2011(3).

　　如安东尼所料，这位新手教师和其他新手教师一样，在虚心接受安东尼的建议的同时，也充满自信，积极尝试形成自己的教学风格。安东尼知道在此时过多的指导不但不会起作用，反而会让她对自己产生反感。于是，新手教师的课堂主要按照她自己的想法展开了。她希望尽可能与每位学生交朋友，表扬他们取得的一点点成绩，并且与他们分享自己对音乐的爱好，分享属于青少年这个群体所有的一切。不过，效果并不尽如人意，甚至可以用"糟糕"来形容。鉴于这种糟糕的表现，她也被学校列为"试试看"的行列。也就是说，如果接下来的教学没有明显改观，学校就要让她走人。为什么新手教师的满腔热情没有得到应有的回馈，反而出现这种极度被动的局面？安东尼总结道："原因其实很简单，这位新手教师的所思所想都没有错，只是她忽视了她面对的学生和普通学生有所不同这一重要的事实。"

　　该新手教师因为自己有可能真正失去这份工作而忧心忡忡。在这个时候，安东尼适时出现了。安东尼安慰她，在接下来的教学中，她会因为经受过历练而表现出色，并且为她提供了基于她自身特点的改进教学的种种具体建议。安东尼说："她现在已经知道了哪些方法在课堂上行不通，哪些方法可能在课堂上会发挥好的作用。此时，她对我的建议的看法和以前应该会有不同。"确实如此，安东尼的建议发挥了作用，新手教师对安东尼的指导有了新的认同。于是，他们乘胜追击，深入剖析如何改进教学方面的具体问题，包括如何教育那些存在严重学习和行为问题的青少年。这样下来，新手教师逐渐对教学和课堂管理形成了新的理解，也开始调整自己的教学方法，一切都在朝着好的方向前行。重要的是，她从沮丧的情绪中走了出来，又开始信心百倍地投入到工作中。如果说她初到学校的信心有"初生牛犊不怕虎"的稚气成分，那么这次的信心则建立在对困难的充分预期的基础之上。她在课堂上越来越游刃有余，表现日益出色，而且她的教学方法被评定为"范例"。如今，她已成长为特殊教育新手教师的榜样。

　　这是安东尼指导新手教师的一个案例。后来安东尼说："这位新手教师

之所以在经历过彷徨后取得成功，是因为她在得到了高水平的同行指导后，自己能够重新评估作为教师所具备的优势和存在的不足。令人高兴的是，我们没有失去这位新手教师，学校的教学质量还因她的到来而得到了增强和改进。"可以说，安东尼将高水平的"导师制"当作新手教师迅速成长的一个重要因素。如何使导师制发挥最大效用？安东尼认为，就指导教师而言，需要具备这样几个特质：有责任心，经验丰富，热情四射，是同行的榜样，更重要的是，要富有智慧和策略，知道什么时候需要站出来，而什么时候需要耐心等待，因为你所面对的是一名"新手教师"。

附：美国《教育周报》对安东尼·马伦的专访

究竟是什么原因，让一位"警察教师"成为全美中小学教师的代言人？这是很多人感到好奇的地方。美国《教育周报》就此对安东尼·马伦进行了专访。下面摘录的是其中的部分访谈内容。

问：你的教师职业轨迹很不寻常，你是怎样一步步走到今天的？

答：在成为教师之前，我在纽约市警察局工作了21年。受家庭条件所限，我在30多岁的时候才圆了我的大学梦。那时候只有一所大学——长岛大学——为我提供了特殊课程，能够适应警察变化无常的工作时间。后来我继续上学，获得了教育专业的硕士。

问：在教学过程中，有什么让你想起你做警察的经历吗？

答：显而易见，当教师和做警察都是公共服务的专门职业，除此之外，二者还有很多相似之处。这两个职业都要求你在很短的时间跟陌生人建立起非常紧密的关系，在他们生命的一个重要关口，你走进了他们的生活。不过，作为一名警察，这种关系是非常短暂的，因为你通常处在一个危机中，对方在经受悲痛，你必须立即对眼前的情况作出决定。

作为教师，你面对的学生也许同样处在痛苦之中，不过，所幸的是，你有更多的时间跟他们相处。这两个职业都需要有关爱之心的人，即真正希望改善他人生活的人。教师拥有极好的机会去帮助学生，真正成为他们生活的一部分，而这正是我始终想做的。

问：你能描述一下你执教的学校吗？

答：阿奇学校是一个非常特别的地方。在很多方面，学生和教职员工就像一个家庭，有时运转良好，有时乱作一团，但这恰恰使我们的学校成为一个非常棒的学习之所。在这里，年轻人慢慢成熟，不断了解自己，更重要的是，了解他人的需要。我们要教很多学术性的课程，但我们始终会在课堂上不知不觉地给学生渗透有关如何做人的教育——教给他们所谓的"软技能"——沟通技能、生活与社会技能。我的学生中，太多的人从来没有从他们父母的言传身教中受益。我们在学校里有机会给他们人生的教益，因为我们跟学生们有着更紧密的关系，有更多的时间跟他们在一起，能更好地关照到他们的情感需要。

问：面对这些棘手的孩子，你是怎样取得如此巨大的成功的？

答：我在一次演讲中曾引用过托尔斯泰有关幸福本质的一句名言：幸福的人都是相似的，不幸福的人各有各的不幸。我总是记着这句话，因为它就是我学生的写照。他们经受着抑郁、情感失调、焦虑以及其他各种各样的心理问题的困扰。我们学校的教师对这些学生的教育都非常成功，因为我们给了他们真正需要的，这是他们从日程死板的普通高中所得不到的。

我们不会装作像心理治疗师一样，我们扮演的角色也不是心理学家，我们只是在用我们的耳朵倾听。如果有学生经受严重的情感困扰，我们会聚在一起，找到一个让这个学生过得更加阳光的办法。我不是心理学家，但我跟有各种麻烦的年轻人打了30多年的交道，包括最可怜、

最抑郁的孩子。如果你给他们一点时间，跟他们一起玩，他们就会开口跟你说话，因为他们也在寻找答案。这是一个非常重大的责任，我们的态度很严肃，因为我们知道，无论我们跟他们的对话是怎样的，都会影响到他们的决定。

问：在你的美国年度教师申请表上，你写了你辅导一位遇到很大困难的新手教师的经历。在你从教的早期，谁辅导了你？

答：在我做教师的第一年，我听过戴安·罗达好几次课，她是蓝山初中的一位艺术教师。那是一个非常好的机会。我注意到，同样一群孩子，在有的老师的班里完全失控，但在有的老师的班里却学得很好，其中就有罗达的班。她在孩子面前有一种魔法。戴安·罗达不仅教给了我做一名好教师的组织技能，她还始终跟我谈学生的状况。当我来到这所高中的时候，我已经从罗达那里知道了，无论学生看上去有多么愤怒，在背后总有一个故事。她教会了我如何做一名有爱心、有办法的教师。我永远都不会忘记她。

问：你曾在公开场合提过，你是有意寻找一个高难度的教学职位。这对你最初对课堂的态度有什么影响？

答：当我走进教室，我没有想当然地认为他们是爱我的，所有事情都会顺理成章。我知道，我会面临挑战，我的工作会非常艰难。因为我在警察局工作时就跟很多这样的孩子打过交道，尤其是我在毒品小组工作的经历，让我接触了很多毒品黑帮。实际上，我做警察时遇到的孩子，跟我现在教的孩子是同一类型的。当你取下他们戴着的面具，你会发现，他们就是 14 岁的孩子，他们只想做 14 岁的孩子，而不是貌似 20 岁的雇佣枪手。

问：你还公开谈到过激情在保持孩子注意力方面的作用。激情与注意力有什么关系？

答：有行为和情感失调症状的孩子，在他们的整个生活中，都被呵斥惯了。他们所处的成长环境，呵斥与大嚷大叫是习以为常的事情。在课堂上，大嚷大叫和过于严格，对他们来说都是没有用的。他们需要的是秩序，因为他们来自一个混乱的生活环境。他们对激情很敏感，他们能够感受到它。一旦他们感受到你真的关心他们——不只是关心他们的现在，还关心他们的将来——他们就会对你敞开心扉。这样，他们在你的课堂上就会很少出现行为问题。

问：在玫瑰园的美国年度教师颁奖典礼上，总统先生谈到他和第一夫人都没有令人艳羡的家庭背景。他们都讲过教育拯救孩子于困境中的伟大力量。你是如何对你的学生传递这个观念的？

答：我对总统先生的这番讲话感到非常高兴，因为太多的孩子，尤其是十几岁的青少年，因其所处的困境而心生无助感。他们过一天算一天，看不到为未来付出有何意义。我一遍又一遍地告诉我的学生，生活会变得更好，起点不是命运的终点。尽管我没有跟他们分享我在童年和青少年时遭遇的所有不幸，但我确实让我的学生知道，他们的故事就是我的故事。我跟学生之间有着一条无需言说的情感纽带。

问：接下来的一年对你来说会是什么样的？

答：这一年我会暂停我的教学工作。美国年度教师是一个为期12个月的职位，从今年的6月1日开始，到明年的6月1日结束。我会向很多教育组织、商业组织和政府机构发表演说。我也希望能够接触到做警察的人。我希望我所认识到的美国教育面临的最严重的问题——辍学危机——得到更多的公众关注。今年全美有100万名学生辍学，他们的前景暗淡。没有高质量的学历教育和职业教育，他们无法找到一份有意义的工作。

让我担心的是，很多人错误地以为，这些辍学者总会在某个地方以

某种方式找到工作。二三十年前或许他们能够在工厂里找到活干,有一份不错的工资,但如今这样的工作已经不存在了。政府的政策制定者和工商界领袖需要知道,今天的辍学者实质上是没有就业能力的,他们没有能力在全球的市场上竞争。

问:那如何才能解决辍学危机呢?

答:目前防止辍学率上升的解决办法不是将百分之百的注意力都放在高中和所有关于学业的事情上。让每个学生拥有一个不错的学历背景是很重要,但不能因此而忽视了职业教育。目前,大多数高中都以让学生上大学为导向,但我们还有相当数量的学生,准确地讲是数百万学生,希望像几千年来我们的祖先那样,用他们的双手劳动。他们不想整天坐在办公室里,他们想去建设,去创造,去设计。但我们没有给他们机会,因为太专注于让他们修更多的科学、数学、历史等课程,所有这些课程都是为了上大学,让他们错失了接受职业教育的机会。

卓越之道

读懂学生的故事

"教师对于学生的意义总是以教师所开启的心理结构为基础。如果教师对学生的影响契合了学生的内在心理需要,那么教师的影响就会在学生的心理结构中呈现扩展的态势。"[①] 从这个意义上说,研究学生,走进学生的内心,读懂学生的故事,是教师的"必修课",也是一名教师成为卓越教师的根本。

不过,如何研究学生,研究学生的哪些方面,是一个问题。对大多数教师来说,研究学生主要就是研究学生的学习情况,包括已有的知识基础、潜

---

① 刘铁芳.日常教育生活中儿童立场如何可能 [J]. 中国教育学刊,2011(11).

在的学习能力、习得的学习方法，至于学生的个性、兴趣与爱好，学生的家庭情况，学生的成长环境，就很少予以考虑，而这些恰恰是研究学生尤为需要关注的方面。作为特殊教育教师，安东尼有更多机会和各种各样的学生打交道，为了让这些学生迷途知返，安东尼在读懂学生的故事方面做了更多的事情，为我们提供了一个值得研究的范例。

奥巴马总统在颁奖典礼上这样评价安东尼：

我们每个人在一生中都携带着像安东尼这样的人的爱与智慧——那些在我们最需要的时候出现在我们面前的特别的人：当我们畏惧时，他们会推我们一把；当我们走错方向时，他们会把我们拉回来；无论我们遇到多大的困难，他们都不会放弃我们。对于我来说，这是千真万确的。我在办公室里告诉安东尼和他的家人，我和米歇尔都没有一个令人羡慕的家庭背景。我们能来到这里的唯一原因，便是在生命中的某些时刻，有像安东尼这样的人把我们引上了正确的方向。表彰安东尼和今天在场的各位教师，也就是表彰无数让我们的年轻人过上更好生活的人。为此，我们向你们致敬，感谢你们，每天都感谢你们。因此，安东尼·马伦，上帝保佑你，上帝保佑美国。让我们为安东尼热烈鼓掌。

在年度教师颁奖典礼上，安东尼除了再次强调激情、专业精神和坚持不懈这三个特质外，还特意提及了好教师要"知道如何读懂故事"：

在我当选康涅狄格州年度教师后，当地一位记者来问我：是什么造就了一名卓越教师？我告诉他，激情、专业精神和坚持不懈是一名卓越教师在课堂上必须展示的三大特质。确实如此。但那天在我开车回家的途中，记者的问题再次在我脑中盘旋，挥之不去。因为我知道，卓越教师还有一些其他的特殊品质，让他们能够抵达学生的内心，让学生感到自己重要和被需要。

其实这个问题回答起来并不容易，因为卓越教师所采取的帮助学生学习

的方法是多种多样的，但这位记者希望从我这里找到一条能够串起所有卓越教师的相同主线。我后来终于意识到，卓越教师有一个共同的品质：他们知道如何读懂故事。他们知道走进教室大门的每一个孩子都有一个独一无二、引人入胜但却有待书写的故事。

真正卓越的教师能够读懂孩子的故事，而且能够抓住不平常的机会帮助作者创作故事；真正卓越的教师知道如何把信心与成功写入故事中，他们知道如何编辑错误，他们希望帮助作者实现一个完美结局；真正卓越的教师知道他们有能力让孩子快乐，也有能力让孩子悲伤，有能力让孩子感到自信，也有能力让孩子无所适从，有能力让孩子感到自己是被需要的，也有能力让孩子感到自己被抛弃了。当我们施与我们的关爱，直到读懂他们的故事，学生们就会感受到。

我教的是处于危险中的少年，他们的故事充斥着焦虑、沮丧、药物滥用、学业失败和绝望。他们感到自己与学校、社区以及他们的家庭格格不入。我之所以要教这些年轻人，是因为他们是教育起来最麻烦的一群人，这是对作为教育工作者的我的能力的挑战。我之所以教他们，是因为他们给了我很多机会帮助他们改写自己的故事，帮助他们创作出一个完美结局。

安东尼说，这就是所有卓越教师的共同之处。他们知道如何读懂一个孩子的故事，理解在学业、情感或身体上遭受打击的学生需要教师给予他们一种积极的关系，因为太多的时候，他们在生活中孤立无援。他们希望教师为他们的黑白世界染上色彩，他们想要得到的不仅仅是教育——他们想要教师帮他们医治病痛。是的，教师是神奇的医师。每一次表扬学生，每一次让他们放声大笑，每一次利用自己的私人时间聆听他们的故事，教师都是在帮助他们，使他们治愈得快一些。

2008 年美国年度教师：迈克尔·盖森

区　　域：俄勒冈州
任教学校：克鲁克县初中
学校类型：农村学校
学　　科：科学
学　　段：初中
教　　龄：7 年

教育箴言：我选择教科学课，是因为我十分热爱科学。不过，我很快就意识到我不仅仅是"教"科学，我还需要和一个个具体的学生打交道。因此，在后来的教学中，我更倾向于处理好和学生的关系。当然，这并不意味着我不重视学科知识的传授，而是将学科知识的传授建立在良好的师生关系之上。现在，我想成为一名"学习共同体"教师。建立"学习共同体"，在某种意义上，是从一个更为宏观的视野，为学生营造一个更为积极的学习氛围。

2008 年 4 月 29 日，美国公立学校首席官员委员会正式宣布，来自俄勒冈州普赖恩维尔市克鲁克县初中（Crook County Middle School）年仅 35 岁的科学教师迈克尔·盖森（Michael Geisen），当选为新任美国年度教师。当迈克尔得到学校总台的通知说白宫给他打来电话时，他正在上课。于是，他让总台告诉白宫：“请晚点再打过来吧。”美联社对此予以特别报道，认为这种课堂优先的态度正是迈克尔获得美国年度教师的原因之一。第二天，时任美国总统乔治·布什在白宫玫瑰园举办任期最后一次美国年度教师颁奖典礼，隆重表彰以迈克尔为代表的美国卓越教师群体。

人 物 素 描

薄弱学校中的美国年度教师

克鲁克县是俄勒冈州乃至全美出了名的贫困县，失业率高，受过高等教育的人口百分比低，全区的辍学率居高不下。位于这样的区域，克鲁克县中学的整体状况同样十分糟糕。迈克尔刚到克鲁克县初中的时候，这是一所典型的薄弱学校：一半学生享受免费午餐；学生的考试成绩低下；在短短 6 年时间内，学校先后换了 5 任校长。用时任总统小布什的话来说，这所学校“只能维持现状”。因此，根本就没有人愿意来这所中学任教。

明知山有虎，偏向虎山行，很多人都认为迈克尔一定是疯了，才执意到这样的一所薄弱学校任教。“其实我没有疯，我喜欢我的新生活。”迈克尔说。面对糟糕的学校，成绩平平的学生，迈克尔勇敢地挑起了提高学生科学成绩的重任。他相信只要努力让课堂充满乐趣，每一个孩子都能学好。自此，迈克尔在克鲁克县中学开启了教书生活，教 7、8 年级学生的科学，并开设了一些选修课。

在教学过程中，迈克尔一直在琢磨让课堂变得有趣的小窍门。他根据学生的实际情况，不断在课堂上尝试形式多样的教学方法，并通过音乐、视觉

艺术、辩论和讨论等诸多教学形式，吸引他们参与到学习的过程中来。

随着《不让一个孩子掉队》（No Child Left Behind）法案的执行，为了提高学生的考试成绩，美国课堂上日渐流行起死记硬背的学习风气，迈克尔对此很不以为然。迈克尔说："我的任务就是帮助塑造下一代年轻人，把他们培养成为全面的人才，而不是知识的容器。"迈克尔知道，如果为了提高学生考试成绩而不择手段，大搞题海战术，让学生死记硬背，这会输掉下一代。因为在以知识为基础的社会，学生应该成为会思考、能解决问题、创造更多可能性的人。所以，教师亟须在分数和创造、创新之间找到平衡。

在迈克尔坚持不懈的努力下，学生在课堂上学得愉快，学习成绩也有了明显的进步。迈克尔在克鲁克县中学当科学学科教学主任的头两年，整个学校学生达到或超过国际科学基准的人数从 55% 上升到 72%，并且仍在提高。

迈克尔的努力得到了相关部门领导的高度认可。克鲁克县初中校长罗基·麦纳尔高度赞扬迈克尔与生俱来的理解学生的能力、与学生建立良好关系的能力、领导才能、对初中科学课程的深刻理解，以及对其他科学教师同事的热情帮助。俄勒冈州教育协会主席拉里·沃尔夫说：

迈克尔用富有想象力的教学方法来激发和孕育年轻的心灵。他清楚地知道学生需要什么，以及我们教育者应该承担的角色，从而努力帮助学生在教室里以及在人生旅途中获得成功。

美国教育协会主席雷格·韦弗也对迈克尔赞赏有加：

我代表整个美国教育协会大家庭，向迈克尔当选为美国年度教师表示热烈祝贺。在迈克尔的课堂，学生每天都抱着极大的好奇和热情投入到学习之中。可以说，迈克尔在这方面堪称典范。他以不同寻常的热情和永无止境的探索精神，探寻科学课更好的教学方法，这无疑会极大地激发他的学生去发掘自己的潜能，实现自己的梦想。

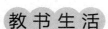

教 书 生 活

从护林员改行当教师

"十年树木，百年树人。"我们常用这句话表明人才培养的重要性和不容易。巧合的是，对于迈克尔来说，"树木"和"树人"这两件事都再熟悉不过了。

1973 年，迈克尔出生于华盛顿州的西雅图市。1991 年，迈克尔从华盛顿州肯特县的肯特里奇高中毕业，进入华盛顿大学，并于 1996 年以优异的成绩获得森林资源管理专业的学士学位。从华盛顿大学毕业后，迈克尔成了一名护林员。有一天，为了执行任务，迈克尔如往常一样行走在陡峭险峻、杂草丛生的山路上，连续几个小时淋着雨，浑身湿透。迈克尔这样描述自己当时的心情："我的心情糟透了，感觉自己站在悬崖的边缘，脚下是黑暗而压抑的深渊。以前，我的心情可不是这样的。有许多次，当我冒着雨，穿梭在灌木丛和陡峭的山坡之间，并没有感到沮丧，甚至很有成就感。现在，我是怎么啦？"

随着时间的流逝，这位热爱大自然的迈克尔日益怀念他大学期间担任助教的日子。那时候，迈克尔主要教那些主修林业学的学生野外生存技能，迈克尔和他们长时间待在一起，引导和帮助他们。这一过程增进了彼此的理解，也让迈克尔体会到那种与人分享的乐趣。虽然那时每天要工作 12 ～ 14 个小时，但是迈克尔感到很幸福。迈克尔这样解释道："后来，我知道差别所在了。以前，我是和我的学生们一道并肩作战，如今，只剩下我一个人。"担任一段时间护林员之后，迈克尔遵循了自己内心最真切的声音——我要和学生在一起，我要教书。

转行并不是一件容易的事，尤其是那时迈克尔的第一个孩子才几个月大。不过，迈克尔克服了重重困难。为了获取教师资格证书，迈克尔一边继

续从事护林员的工作以养家糊口，一边用业余时间回到学校攻读教学专业的硕士学位。2001年，迈克尔在南俄勒冈大学获得了教学专业的教育学硕士学位，并获得科学学科的教师资格证书。同年秋天，迈克尔背着吉他，来到俄勒冈州普赖恩维尔的克鲁克县初中，开始了教书生涯。

把幽默感带进课堂

显而易见，风趣幽默的教师往往更容易受到学生欢迎。幽默多为即兴式的临场发挥，那种挥洒自如、淋漓尽致、充满情趣的自然与和谐，是教师各项素质和全部人格的有机展现。美国心理学家特鲁·赫伯认为："幽默是指一种行为的特征，能够引发喜悦，带来欢乐或以愉快的方式使别人获得精神上的快感。"①

迈克尔就是一位充满幽默感的教师。虽然接触时间短暂，但迈克尔身上的幽默细胞给小布什总统留下了深刻的印象。在颁奖典礼的演讲中，小布什总统以迈克尔的幽默开篇：

上午好，各位。欢迎来到白宫，欢迎光临玫瑰园。我们刚从椭圆形办公室走出来，麦克（注：布什总统对迈克尔的昵称）对我说："我喜欢你在这个地方所做的事情。"我所做的，其实就是修剪这块草坪而已。

需要交代的是，2008年是美国选举年，布什总统已连任两年，将不再参加总统竞选，所以迈克尔就对布什总统开了一个无伤大雅的小玩笑，并声称总统今年不参加总统竞选是件好事，因为自己"已经包揽了幼儿园的投票"。这番话引起了哄堂大笑，这是对迈克尔幽默感的最大肯定。

在后续的演讲中，布什总统多次提到迈克尔的幽默感，称赞迈克尔"把幽默感带进课堂"，用幽默感"迷住了学生"。

---

① 特鲁·赫伯.幽默的艺术 [M].上海：上海文化出版社，1987:2.

此言不虚！在迈克尔的学生和同事眼中，迈克尔是一个风趣的人，真诚、热心、幽默、富有想象力。

第一次走进克鲁克县中学的教室，迈克尔没有急于打开课本讲课，而是抱着吉他，弹奏了一曲披头士乐队的《一起来》(*Come together*)。原本漫不经心打量着这位新教师的学生，顿时来了精神。有的随着节拍扭动着身体，有的跟着哼唱起来。很快，有人发现，老师对歌词动了手脚。一曲唱罢，迈克尔解释说："我唱的这首歌名叫《重力》，是根据披头士乐队的《一起来》曲调改编而成的。你们记住这首歌，就记住了今天我们要学的内容。"

这一情形，让人不免联想到电影《舞动天地》(*Take the Lead*，2006)中的一个情节。电影中，舞蹈教师杜兰尼·皮埃为了让一帮问题学生对自己所教的交际舞产生兴趣，通过一支激情探戈，一下子让学生折服。迈克尔通过类似的开场，也一下子吸引了学生的目光！好的开始是成功的一半，后面的发展也就顺理成章。

在课余时间，比如午饭时间或者上课前的间隙，迈克尔的房间里经常挤满了学生，他们和迈克尔老师一道即兴弹奏吉他、吃东西、聊天，气氛十分融洽。这也是迈克尔特意经营的结果，因为可以利用这些时间，为学业落后的学生提供各种帮助。对于老师的这番良苦用心，学生欣然接受，并亲切地将其称为"调味蕃茄酱俱乐部"。另外，迈克尔还经常开展学校主题活动，目的是密切家校联系，让学生家长也参与到孩子的学习中来。

在年度教师颁奖典礼上，迈克尔对如何让课堂有趣起来，发表了如下的看法：

真正地沉潜入你的课堂，这是我对教学最深刻的体会。创新自己的教学方式，和你的教学同伴分享你所做的事情。运用活动、音乐、技巧、幽默或者无论什么你拥有的独特的力量和天赋来提升你的教学品质。不要墨守成规，而要敢于创新。对别人的方法技巧，要创造性地"为我所用"。还要根

据你的学生的具体状况，选择合宜的教学。一定要让教学有趣起来。如果学生对你的课堂没有期待，那么你还得费心思来改进你的教学。

迈克尔独特的教学风格给学生留下了深刻印象，学生对科学的兴趣与日俱增。他的一个学生说："如果他想的话，他会把观察草的生长弄得非常有趣。"原来，在迈克尔的指导下，班上的同学对观察小草的成长产生了浓厚的兴趣，并做了详细的记录。有一堂课的内容是有关发展中国家细菌对儿童的致命伤害，听了迈克尔的课，学生深受感动，自发捐款给第三世界疾病救助委员会。所以，在一般人看来比较枯燥的科学课，在他那里如同艺术课，更准确地说，他将科学与艺术完美融合，音乐、舞蹈、戏剧等都被融入科学课，成了学习科学的辅助工具。

突出知识的运用

全美专业教学标准委员会于 2008 年修订颁布的"教师评价和认证标准"指出，高质量的教师要"通晓所教学科知识和教学方法"。我国相关文件也对教师提出类似的要求。不过，让人困惑的是，"通晓所教学科知识和教学方法"到底是什么意思？"通晓"究竟意味着什么？

我们看到，教师在教学的过程中，常常把主要精力放在努力让学生明白某一知识点的意涵，然后围绕这些知识点让学生进行大量的练习以便巩固，认为这样是让学生学到知识的重要途径。在这个过程中，教师往往忽视了告诉学生这些知识的来源、应用，所学的知识变成了一个个悬浮的点，没有了"源"和"流"，因而也没有了生命力。

学生对学习产生兴趣，往往是由于教师的引导，其中一个很重要的方面就是教师本人对学科的认识。如果教师自己都没有发现所教学科的魅力，也就很难通过教学让学生体会学习的激情、领略学习的乐趣。从这个意义上说，"通晓"意味着教师能够发现所教学科的魅力，而且能够将学科知识和

学生的生活联系起来。在这方面，迈克尔为我们提供了一个示范。

迈克尔从来不会照本宣科，他更看重让学生亲手进行实验操作，让他们设计自己的项目，开展小组讨论。迈克尔说："如果我在课堂上只运用一种教学方法，那么我并没有进行真正的教学。如果某个学生没有学会，我就会探索新的办法，直到他学会为止。"

布什总统对此印象深刻，并大加称赞：

他的显著成就之一是举办年度科学展览会，学生的各种小发明诸如电子车、电子热狗饮具等都是展览会上的展品。这个年度科学展览会，将迈克尔所谓的"科学、创造、美食和奇思妙想的电动创造之夜"推向高潮。

成为学校科学学科负责人后，对如何激发学生学习科学的兴趣，迈克尔有了更多的探索和实践。

兴趣是学习的主要动力，不少学生学习状态不佳在于缺乏兴趣，但兴趣可以通过教学予以培养，教师要善于引导学生关注未知的世界。为了使孩子积极学习科学，迈克尔绞尽脑汁：创作歌曲，让科学知识融于一首首脍炙人口的歌曲之中；开发游戏，让学生在游戏中不知不觉地掌握科学知识；尝试用各种可能的创新性的方法，激发学生对科学的兴趣；坚持以形式多样的测验检验学生的学习效果，提升学生的学业成绩，让学生在不断掌握科学知识、养成科学素养的过程中培育出对科学发自内心的喜爱。

就拿创作歌曲来说，迈克尔创作了不少小调，有一首是从细菌的角度编写了布鲁斯歌曲，还有一首《重力》，如前所述，是根据披头士乐队的《一起来》曲调改编而成的。这些小调在学生之间广为流传。

为了让学生将所学的知识运用到实践中来，迈克尔开发了一项课外活动计划——"顶点计划"。迈克尔开创该项目的初衷是激发学生们的创造热情，将课堂上所学的相关知识以小发明、小制作的形式付诸实践。迈克尔的一位同事十分看好该项目，并发动全年级的学生加入到"顶点计划"中

来。于是，迈克尔借机将这项创新活动推广到整个学校。就这样，一个融合了科学、创造、美食和奇思妙想的"电动创造之夜"（the night of the Electric Creation）在克鲁克县中学诞生了，并成为每年都举行的固定活动。

建立学习共同体

当选为 2008 美国年度教师以后，按照惯例，迈克尔·盖森有一年的时间需要在全国巡回演讲，接受各种采访。其间，他接受了《公立学校立场》的采访，谈论的主题包括：作为年度教师，他希望借助自己的影响实现什么样的目标；他对"基本技能"和"智力"的理解；他认为教师需要得到哪些支持；以及他如何通过自己的教学，在培养学生成为一名终身学习爱好者的同时，提高他们的标准化考试成绩。以下是采访的主要内容：

问：作为年度教师，你希望通过你的影响力，实现怎样的目标？

盖森：我们的教育需要重新恢复一些平衡。目前，我认为我们的整个教育系统从一个极端走向了另一个极端，将智力的某些方面奉为圭臬，所有的努力都是围绕这些方面展开，这很难将儿童发展成为一个全面的人。所以，我希望教学一线的教师以及各个层面的教育工作者，包括政策的制定者，让我们一道找寻教育中的一个更好的平衡。我们必须看到每一个孩子智力的多元性和独特性，进而帮助他们以自己的方式成长，从而在这个世界中茁壮成长。

问：你如何保证你能够注意到教室里所有不同的需求，从而让你的教学更有针对性？

盖森：我通常的做法是，比方说，就某一个概念，我会用许多不同的方式进行教学：我们可以用表演的方式呈现出来；我们可以用计算机进行处理，做出仿真；我们还可以就这个概念展开讨论，让学生自己归纳。有些学生对音乐很有天赋，我们为什么不试一试将有些晦涩的科学概念用歌词的形

式表达出来呢？

问：你确实用你独特的方式提升了学生的学习水平，或者说在近几年提高了科学课的考试成绩。你是如何找到这么多时间，在实施满足个性化学习需求的教学策略的同时，还提高学生的标准化考试成绩？

盖森：这可以说……实际上可以说是一种简化了的课程，在某种意义上，这是一件好事情。例如，就某一学习单元，我会将其中一两个关键概念写在一张纸上，张贴在教室显眼的位置，让全班同学都容易看到，然后对同学说："这就是我们将要学的重点内容。"并将这张纸保留一两个星期。我认为，将重点内容凸现出来，不仅可以帮助学生将注意力集中到正在学习的内容上，而且也帮助了我。我上课的时候，就可以直接抬起头指着张贴的内容对同学们说："我们正在学习的内容和纸上的内容相关吗？"我称纸上的东西为 "SAPSBAT DOs"（ stuff all people should be able to do ）——"所有人都应该做到的"。它就贴在教室里，可以时刻提醒同学们，将注意力集中到正在学习的内容上。

在某种意义上，这真的是一种简化了的课程，虽然有可能漏掉有些学生真正感兴趣的学习内容，但是，我认为这种简化了的课程可以让同学们注意力更集中，而且可以更深入地学习，然后由点带面，学习整个内容。我是学校的科学科主任，我们已经这么做了，而且取得了不俗的成绩。正如你所说的那样，我们学校这几年科学课考试成绩进步确实很快，这在我们所在的学区，相当令人震惊。

问：你曾经说过，你开始你的教书生涯，侧重点是如何教好书，或者说你将自己定位为科学教师，但是你很快就将注意力放到了如何和学生交往，并努力向"学习共同体"教师前进。你的转变是因为什么？这种转变对于你的教学又意味着什么？

盖森：我选择教科学课，是因为我十分热爱科学。不过，我很快就意识到我不仅仅是"教"科学，我还需要和一个个具体的学生打交道。因此，在

后来的教学中，我更倾向于处理好和学生的关系，将班级发展成为一个学习共同体。当然，这并不意味着我不重视学科知识的传授，而是将学科知识的传授建立在良好的师生关系之上。对学生来说，当他的父亲过世了，他肯定没有心情学习，或者说他的父母被关进监狱，而他又深爱着父母，我又怎么能要求他将注意力集中到学习上来呢？而这些情况都是我的学生经常要面对的，我不能不顾学生的实际情况而一味地要求他们学习。所以有时候，我就会让步，我相信在某些时候，学生是否注意到动物和植物细胞的区别并不是最重要的。

我说过我想成为一名"学习共同体"教师，是因为我知道学生不可能生活在真空中。他们生活在一个比我想象的还要大的共同体里，我们教师不仅要说服学生，还要通过学生说服他们的家长。实际上，在很多人的心目中，教育并不是很重要的事情。因此，建立"学习共同体"，在某种意义上，是从一个更为宏观的视野，为学生营造一个更为积极的学习氛围。

影响周围一个个具体的人

在迈克尔看来，美国的教育系统面临着不少严重的问题，有国家和州层面的，也有学校和课堂层面的，比如：不同经济状况、不同种族的群体在获得教育资源和取得成就方面，天然地存在着差异；不同类型的学校其资金来源很不均衡；有些学生在学校里没有安全感；有些学校教学内容和教学方法陈旧，跟不上时代的步伐……

迈克尔从生活进化规律谈起，他认为每一个物种的个体之间都存在差异，而生物进化规律倾向于偏爱那些天赋优越者，也倾向于支持这些个体最大限度地控制可用的物质资源。按照这种累计效应，就会出现"强者越强、弱者愈弱"的局面，而很难出现和谐共生的景象。所以，从生物进化的意义上说，"贫穷总是与人类相伴相随"这句谚语就没什么好奇怪的了。

让迈克尔感到更为沮丧的是，这些差异不但没有为我们的社会体制所

消弭，而且还被放大了；更可悲的是，这种情况在教育体制中也根深蒂固地存在着。与那些家庭背景优越的学生相比，那些拥有较少社会资源、父母受教育程度低、生活不稳定的学生，要做到与其他同学同样好，势必要付出更多的艰辛，而且往往会以失败告终。并且，这种不平等所带来的影响是持久的，渗透到社会的方方面面。有研究显示，那些到 2 年级或 3 年级还不能很好地进行读写的学生，辍学的几率要大得多，长大后也很难摆脱贫穷的命运，甚至可能走入高墙。

面对这种现实，迈克尔坦言，这些问题太过复杂，涉及许多方面，也非一朝一夕靠个人力量可以解决。但是，他依然不放弃希望。他说：

作为教育工作者，我们可以贡献自己的一份力量，我们至少可以影响周围一个个具体的人。我们可以提供更多的机会，帮助那些学习困难的学生，为那些处于不利地位的孩子提供更多的课外补习机会，使他们也能顺利掌握最新的知识。另外，我们可以密切家校联系，营造一种彼此互相理解和信任的氛围。

迈克尔尤其强调师生之间良好关系的营造。比如，他经常在教学中运用幽默，激发学生向好向善之心。迈克尔相信，通过鼓励学生不断进步，可以帮助他们打破世世代代身陷贫穷之中的怪圈，创造一个更加美好的世界。

当选为年度教师后，迈克尔对各位同行发出了如下呼吁：

让我们真诚地关注每一个孩子，而不只是他的测试成绩或未来的成功。我们离孩子越远，就越容易忘记用什么合适的方式来对待他们。他们不是简单的数字代码，不是一堆血肉混合物，也不是有待加工的未来产品。孩子和我们是平等的，在学校、家庭和社区，我们可能扮演着不同的角色，但是我们必须把孩子当作一个真正的人来看待。

另外，迈克尔也看到，和人不断追求卓越一样，教育也在尽力做到最

好。实际上，不同层面的教育工作者也都为此而努力着。迈克尔很庆幸他所在学校的校长就是其中一位。迈克尔坦言：

我很幸运，遇到了一位好校长，他十分尊重教师的专业身份，让教师人尽其才，用我们最擅长的方式教自己最擅长的领域；而且，他还极力保护我们免受各种外界干扰。这样一来，作为一名教师，我们可以将绝大部分时间和精力花到教学上来，将工作的重心聚集到班级、学生、同事和社区上，琢磨如何更好地进行教学，而无须处理那些纷扰的琐事。

校长的支持也让迈克尔日益坚定了教育的志向。他说：

的确，一个人的力量很难改变整个世界，但是我们可以在很大程度上影响我们周围的一个个具体的人。无论如何，真正而有效的改革永远都是来自底层。而这就是我们工作的地方，就是我们的价值所在。

卓 越 之 道

再加 10%

乔恩·戈登写过一本书，《再加 10%：从平凡到卓越》。按乔恩的观点，名牌比大众品牌，只是多了"10%"。也就是说，那些各行各业卓越人士的卓越之道，很大程度上是因为这些人比平常的人多做了一点，深入了一点，超前了一点。举重的，举到极限了，再加上 1 公斤、2 公斤，那"1公斤"、"2 公斤"，即乔恩说的"10%"；登山的，登到极限了，再往前走 5米、10 米，那"5 米"、"10 米"，即乔恩说的"10%"。乔恩相信，也正是这"10%"，为他们赢得了一个卓越的人生。[①]

以此观点关照教师群体，卓越教师的卓越之道，很大程度上也是因为

---

① [美] 乔恩·戈登 . 再加 10%：从平凡到卓越 [M]. 邱晓亮，译 . 北京：东方出版社，2010.

这些教师比普通教师在知识、技能、情意等方面增加的"10%"。对此，很多人都表示认可。在《做一个大写的教师》中，薛法根老师举了一个这样的例子：

> 记得一位学生在课堂上是这样识记"牵"字的："'牵'字上面是一个'大'，下面一个'牢'字少一点。"上课的语文老师对此赞赏有加。殊不知，"牵（牽）"字下从"牛"，上部的"玄"代表牵牛的绳子，中间的横杠代表牛的鼻拴，表示用绳牵牛的意思。如果语文老师能读点《文字学》，看过《汉字起源》，给学生讲解"牵"字的构字原理，让学生理解"牵"字背后的文化故事，学生的识字方法会更科学，学到的知识就会更丰厚，对老师的敬仰也会潜滋暗长。①

这一点，在美国年度教师迈克尔身上得到了印证。那么，对教师而言，从"平凡"走向"卓越"的"10%"，究竟意味着什么？纵览迈克尔的教书生涯，以下两点让人印象深刻：

首先，保持初学者的心态。没有万能的良药，可以将机械的黑板讲解员转化为赋予学生灵感的教育者。好教师永远在成长之中。好教师不说自己是专家，而是让自己保持一种初学者的心态。或许这就是成为卓越教师的自相矛盾之处：只有当你并不认为自己是卓越教师的时候，你才能成为卓越教师。因为只有我们保持一种初学者的心态，我们才能不断进取；否则，如果以为自己是老手或专家，就可能会不求上进，从而影响自己在专业发展上的进步与突破。

迈克尔在当选为俄勒冈州年度教师时说："从 30000 名教育同行中被选出来，代表他们作为俄勒冈州年度教师，对我而言，是一件天大的荣誉，也让我深感惶恐。颁奖后的第一天，我还像往常一样做着一些诸如清理车库和

---

① 薛法根. 做一个大写的教师 [M]. 北京：教育科学出版社，2014.

修建草坪的活儿，没有觉得生活有什么不同。也许，唯一不同的是，可能院子前面有记者在那里驻扎。第二天上班的时候，我忘了提交我的考勤，还很意外地迟了 4 分钟进课堂。实际上，在中学任教，你就得为了许多琐事忙个不停，需要在信心和谦卑之间找到微妙的平衡。这在某种程度上是教师或领导有效性的重要指标。"

迈克尔谦虚地说："我很清楚，我并不是俄勒冈州最好的教师；就某些方面来说，我甚至连我们学校最好的教师都不是。就像一名优秀的主吉他手那样，我仍要不断打磨我的教学技巧，不断谋求教学的灵活性和创造性，并且要深知自己永远都在成长之中。我以为，作为一名教师，可能正是因为对学习的痴迷、对改进的渴望以及对学生的承诺，才让我们有动力，让我们每天都在不断进步，朝着完美教师的彼岸不断前行。这样想，我就释然了。我知道，授予我年度教师的称号，是一种荣誉，更是一种责任——让我拥有一颗不断改进的心。"

其次，抓住一切机会丰富自己。教师站在讲台上，面对的是一群求知若渴的学生。在课堂上，学生可以被诸多事情打动或折服，但首先是教师渊博的知识。在学生眼里，能帮助他们解疑答惑的教师就是好教师。要成为一名卓越教师，在付出这一点上来说，无论中外，无论何种文化，概莫能外。有职业追求的教师，会不断从生活的方方面面汲取教育资源并获得灵感。迈克尔对卓越教师的描述，也体现了这一点：

爱因斯坦之所以成为著名的科学家，不仅是因为他发现了相对论，也不仅是因为他那标志性的发型，他的卓越更因为他用自己的思考和实践，将科学与创造融合起来。在其他领域，那些杰出的人之所以杰出，无一例外都是由于他们很好地运用了融合原则。事实上，卓越教师同样也是一位融合者，融合思想，沟通学生，在思想和学生之间构架桥梁。在我的教学中，我努力将创造性和科学结合起来，将学生和社区统一起来，帮助社区里的每个人与

深奥的科学思想建立联系。

　　迈克尔一直告诫自己，要作为一个学习者，让自己不断成长：

　　作为一个老师，永远、永远、永远不要停止学习，因为一旦你停止学习了，你就会变成一个无法呼吸的雕塑，而不是一个别人来学习你的老师。你们对于学生来说，就是那股可以改变他们人生的力量。如果一名教师本身喜欢学习的话，很容易把这种兴趣传导给学生。作为老师，我们拥有这个世界上最棒的工作，因为我们有能力去教学生，有能力去改变世界。

2007 美国年度教师：安德莉亚·彼得森

区　　域：华盛顿州

任教学校：基督山小学

学校类型：农村学校

学　　科：音乐

学　　段：小学（1～6 年级）

教　　龄：10 年

教育箴言：教学是科学和艺术巧妙而复杂的结合体。教学的科学性意味着教师必须精通教育学、心理学、儿童学等相关科学知识。而赋予教学以艺术的特征，则意味着教师有足够的人格魅力，能够激发学生不断超越，走向优秀，能够期许学生一个比他们所知道的大得多的美好世界。一个好的教师，就要善于舞动"科学"与"艺术"的双色舞带，既要懂得相关教育科学并在实践中灵活运用，又要给教育以艺术的特性，把"科学"与"艺术"协调统一起来，做到"科学"和"艺术"并举。

2007 年 4 月 24 日，备受全体美国国民关注的"美国年度教师"评选

结果揭晓，来自华盛顿州格拉尼特·福尔斯市基督山小学（Monte Cristo Elementary）的音乐教师安德莉亚·彼得森（Andrea Peterson）最终脱颖而出，荣膺第56届美国年度教师的桂冠，成为教师行业新的标杆！作为音乐教师，在安德莉亚的课堂上，音乐不仅是教育目的，还是学生学习其他学科的手段，音乐的魅力得到充分的展现。

人 物 素 描

从音乐教师中走出来的美国年度教师

时年33岁的安德莉亚，是自1952年启动美国年度教师评选以来第二位获此殊荣的音乐教师。作为音乐教师，安德莉亚是将学生带入美妙音乐世界的引导者。

因为安德莉亚的到来，基督山小学从一个很少为音乐投入经费、只有几台录音机的普通学校，变成了远近闻名的音乐特长学校。更为可贵的是，安德莉亚的努力让人们意识到，音乐不是教育的点缀，而是提高学生学习成绩、培养学生学习习惯、帮助学生理解世界和人生的重要门径。

安德莉亚一直信奉：用歌声开启学生的心灵，用音乐点亮学生的人生。对此，家长爱德华兹感同身受："在过去三年时间里，我的孩子们一直都在基督山小学上学。因为这个机缘，我有机会感知安德莉亚·彼得森在音乐教学方面的激情和才华。她对音乐教学这份工作的热爱之情，对教导不同年龄不同能力水平学生的独到做法，都给我留下了深刻的印象。另外，我清楚地知道，因为安德莉亚的缘故，我的孩子对音乐的兴趣日益浓厚，他们总是乐于在大人面前展示他们在安德莉亚课堂上学到的一点一滴，比如读谱、弹奏乐器，等等。我还清楚地知道，这些在音乐上获得的才能，被孩子们迁移到其他领域，让他们全面成长起来。"

在安德莉亚的课堂上，音乐不仅仅是教唱歌这么简单，还有乐器演奏、

乐谱识别、理解分段、行为表现，等等。她教给孩子的不是机械模仿，而是对艺术的欣赏和创作。"音乐是释放学生特殊潜能的一种神奇的工具。他们在音乐上获得成功的最明显的益处，就是增强了他们的自信心和自尊心。从这个角度来说，音乐教学对其他教学活动有支持作用。"安德莉亚这样解释说。

值得一提的是，安德莉亚出身于教师家庭。他的父亲是一名有着多年教龄的教育"老兵"，母亲是一名图书管理员，两个哥哥是音乐家，两位嫂子也都是教师。得知自己获得美国年度教师这一称号，安德莉亚说："我能获得这个殊荣，很重要的原因是有着30多年教龄的父亲的言传身教。"

教 书 生 活

爱生万物，当教师是命中注定

爱是一切良好行为的基础，爱也是可以被传递的。有爱的教师会把爱的种子撒播在孩子们的心中，那么教育收获的就不仅仅是多少知识与技能，更多的是收获了人与人之间的真情，社会的和谐。对安德莉亚来说，正是因为对播撒爱的渴望，让她踏上了从教之路。在美国年度教师申请表的开篇，安德莉亚引用了马丁·路德·金的一段名言：

每个人都可以成为伟大的人……因为每个人都能为他人贡献自己的力量。为他人贡献自己的力量，你不一定必须有很高的学历，也不一定要在内心完全认可之后才开始行动，只需要一颗充满慈悲的心，爱生万物。

在安德莉亚很小的时候，父亲就经常和她提及马丁·路德·金的这段名言，让她对这句话印象深刻。更重要的是，父亲的身体力行赋予了这句话更深刻的内涵。安德莉亚对父亲表示了由衷的感激：

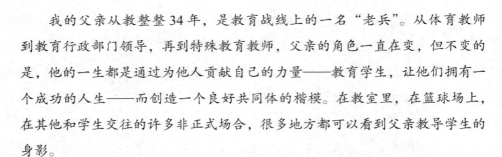

　　我的父亲从教整整 34 年，是教育战线上的一名"老兵"。从体育教师到教育行政部门领导，再到特殊教育教师，父亲的角色一直在变，但不变的是，他的一生都是通过为他人贡献自己的力量——教育学生，让他们拥有一个成功的人生——而创造一个良好共同体的楷模。在教室里，在篮球场上，在其他和学生交往的许多非正式场合，很多地方都可以看到父亲教导学生的身影。

　　在我成长的过程中，目睹着父亲对学生、对学生的家庭以及整个社区的全心付出，加深了我对马丁·路德·金这段名言的理解，我也日益体会到为他人贡献自己力量的意义。

　　身边有这样一位值得效仿的榜样，让安德莉亚在选择职业的时候不自觉地想到了那些需要一颗充满慈悲的心、爱生万物的行业。一开始，安德莉亚认为医生非常符合自己的职业期待，因此她选择了西华盛顿大学的医学预科专业。

　　在大一那年暑假，安德莉亚去看望她的两个哥哥，他们都在科罗拉多州主修音乐专业。教室里的各种乐器、校园草坪上的美妙琴声、在社区教孩子们唱歌时的热情，让安德莉亚深受感染。回来之后，安德莉亚突然意识到可以将自己对音乐的热爱和为他人服务的意愿有机地结合起来。学习音乐教育，将来成为一名音乐教师，对她来说是冥冥之中注定的事情。

平衡教学的科学性和艺术性

　　在教育领域，教学的科学性和艺术性之争由来已久。强调教学的艺术性，其主要理由是教学需要充分发挥教师的创造性。《大教学论》开宗明义，指出教学就是一门艺术：

　　教得好就是使别人能学得快捷、愉快和彻底。快捷，就是不间断地努力学习，没有任何有害的时间浪费；愉快，即在任何一门功课的全部教学过程

中，学生不应对他已经完成的功课感到厌倦，而是对尚未完成的功课产生渴望；彻底，即对于他所学习的东西，他应当学得完全、正确，使他能够毫无困难地学了就用。

夸美纽斯认为，在教和学中，速度是必不可少的，因为学艺长久而生命短促；愉快是必不可少的，因为它可以防止潜在的教学的祸患——厌烦和憎恶，因为它能刺激心理并保持学生对功课的兴趣；彻底是必不可少的，以便使我们的知识是真正的知识而不是知识的幻影，是实在的知识而不是虚幻的知识，否则我们就是自欺欺人。所以，无论从哪个角度来看，艺术都是必不可少的。

而在另外一部分人看来，科学性是教学的关键属性。教学有规律可依凭，既有科学理论作基础，又有科学的方法，还可以进行科学的评价。20世纪初，随着行为心理学的发展，教学的科学性日益有了广泛的理论支撑。斯金纳就一直强调要用科学的方法安排教学，因为教学过程有一定规律可循，具有系统性、理论性等科学的共性。

科学性和艺术性的争论，使得人们逐渐认同二者在教学中应当统一。不过，关于统一的阐释却每每失之空泛或流于玄奥。科学性与艺术性统一的教学究竟是怎样的？讨论较少且见仁见智。安德莉亚的音乐课堂则为我们呈现了二者统一的一种模样。

安德莉亚认为教学是科学和艺术巧妙而复杂的结合体。教学的科学性意味着教师必须精通教育学、心理学、儿童学等相关科学知识，比如，教师必须对学生个体各不相同的学习方式有理性的认识；教师必须将知识和技能按照其内在的逻辑进行分解，使之达到学生可以接受的程度；等等。而赋予教学以艺术的特征，则意味着教师应该有足够的人格魅力，能够激发学生无限的潜能，期许学生一个比他们所知道的大得多的美好新世界。

安德莉亚强调，教师需要善于舞动"科学"与"艺术"的双色舞带，既

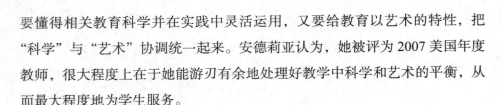

要懂得相关教育科学并在实践中灵活运用，又要给教育以艺术的特性，把"科学"与"艺术"协调统一起来。安德莉亚认为，她被评为 2007 美国年度教师，很大程度上在于她能游刃有余地处理好教学中科学和艺术的平衡，从而最大程度地为学生服务。

一方面，安德莉亚巧妙地将教育方面的科学原理运用到了教学中。走进安德莉亚音乐课堂的往往是那些在学术科目上"失败"的学生，因而也出现了诸多被成功转化的学生的案例。很多人都认为这很神奇。面对种种揣测，安德莉亚笑了笑："其实，如果说我在教学方面取得了成功，那么，并不是因为我有什么特异功能，而是我的教学遵循了科学规律。"

安德莉亚继续解释道，大量脑科学研究表明，那些有着与众不同的创造性能力的学生，他们加工信息的方式和大多数学生有所不同。这些学生和普通学生"为学习知识而学习"不同，他们需要在学习知识的同时有机会运用这些知识。结果，在那种针对普通学生而进行教学的班级里，他们被要求掌握复杂的知识，但却没有多少实践的机会，这些学生往往就成了不合格的一群，难逃被贴上"问题学生"标签的命运。而音乐课堂则有太多的机会供这些学生练习，在很大程度上适应了这些学生的学习模式。对旋律和节奏的不断练习，逐渐在这些学生的大脑里建立起连接，进而将知识内化到他们心中。这些连接有触类旁通的功效，带动着其他学科知识的学习，使得这些所谓的"问题学生"在数学、阅读和别的学科中的学习也流畅起来。

另一方面，安德莉亚不断鼓励学生开发潜能，让学生做最好的自己。安德莉亚坦言，音乐是一把神奇的钥匙，能打开这部分学生紧闭的心扉，激发他们的潜能，进而增强他们的自尊和自信，让他们在音乐课堂上的积极体验迁移到其他方面。

为了给孩子们提供更多接触音乐的机会，安德莉亚用业余时间在学校组织了一个课后合唱团。有一个名叫杰西卡的六年级小女孩是合唱团中的一员。杰西卡是四年级转到基督山小学的。因为学习困难，她一度被要求参加

个别教育计划，接受数学单独辅导。但是，安德莉亚发现，杰西卡酷爱音乐，而且表现出了相当的音乐天赋。于是，安德莉亚邀请她加入课后合唱团，耐心教授她音乐知识，同时帮助她形成规则意识和努力学习的习惯。渐渐地，勤奋学习成了杰西卡的行为习惯，这种习惯又迁移到其他学业任务中，对音乐的激情和随之而来的成功提升了她的学业成绩，让她在音乐方面的成功和其他方面形成联动，全面成长起来。后来，杰西卡不再需要个别辅导，而且她的名字还经常出现在学校的光荣榜上。

音乐教育还鼓励学生在追求卓越上树立了"无极限"的标准。音乐既是抽象的，又是广泛的。不同于其他学科，音乐课没有硬性规定的最高标准，不存在唯一正确答案；在音乐上取得成功，路径也是多种多样的；学生可以达到的高度，也是没有界限的。海阔凭鱼跃，天高任鸟飞。安德莉亚每天以身作则，与学生分享自己在创造音乐剧过程中的失败、艰辛以及激情，鼓励学生不断追求卓越。

课程整合的尝试

一般而言，课程整合是指使分化了的学科课程的各要素及其各成分形成有机联系并成为整体，最终实现"整体大于部分之和"的过程。我们相信，好课具有一定的开放性，能够根据学生需要，自然地引入其他学科的信息和知识，打破学科界限。卓越的教师也无关学科领域，所有卓越教师的共同点，就是从培养人的角度出发，以学生发展为自己的目标，从而展开真正的教育。在安德莉亚的课堂上，我们看到了这种课程整合的努力。

安德莉亚致力于课程整合，主要出于两方面的考虑。

一方面，安德莉亚希望以音乐学科为依托，通过课程整合，提升学生所有科目的水平。作为年度教师，安德莉亚十分关注教育热点问题。在诸多问题中，安德莉亚尤其担心这样一个问题：

在竞争日益激烈的全球教育领域，我们的学生正在迎头赶上，以防掉队。不过，我们学生的测试分数远低于其他许多国家，也是一个不争的事实。

为了改变这种现状，安德莉亚认为，教师需要转变陈旧的教学观念——学科教师负责传授特定领域的知识。安德莉亚说：

如今，由于所有内容都要求学生学习，我们必须做出明智的决定来吸引所有感兴趣的成年人，而不仅仅是课堂教师，来教学生阅读、写作和数学。作为一名音乐教师，我的责任不仅是教学生音乐，还要教他们阅读、写作、数学、社会研究、科学以及其他任何我能够以某种方式将它们融入到音乐课程之中的知识。

安德莉亚一直强调："我首先是一名教师，然后才是一名教音乐的教师。音乐的好处是它鼓励学生实现'无边界'的优秀。"

另一方面，安德莉亚也希望通过课程整合提升音乐课的地位。让音乐课从边缘走到主流，安德莉亚有一个诀窍——开发一种跨学科的音乐教学法，将音乐课与其他科目，特别是与全州统一测验科目结合起来。安德莉亚把这种方法看作自己在课程教学方面的最大成就。

什么是跨学科的音乐教学法呢？"概括来说，就是在音乐课上对其他课程内容进行拓展教学。"安德莉亚举例说，"比如，现在我班上的学生在阅读课上正在学习苏珊·伊丽莎白·辛顿（S. E. Hinton）的小说《局外人》（*The Outsiders*）①，我就会在音乐课上让他们根据小说的情节创作一部30分钟的音乐剧。"在创作音乐剧的同时，学生们继续跟随阅读课的老师从文学的角度来学习小说。随着对小说的理解逐步加深，音乐剧的编写也逐渐完善，随后

---

① 苏珊·伊丽莎白·辛顿，美国著名青少年女作家，写《局外人》时年仅16岁。这部小说首次剖析了生活在贫困街区的野孩子的内心世界，鞭笞了富家子弟对野孩子的歧视与迫害，一出版就在广大青少年中引起了震撼，被誉为一部反传统的、具有开拓性的优秀青少年读物。拍成电影后更是深受广大青少年的喜爱。

开始进入学唱、编舞和排练阶段。最后，所有的学习内容会在一场百老汇风格的精彩演出中得到完美的呈现。安德莉亚补充道："在音乐课上，我会和学生讨论，什么样的音乐适合表现什么样的故事，也会和学生谈到种族、平等和社会正义等问题，去理解小说作者的深刻用意。"

安德莉亚通过自己的教学实践，向人们展示了音乐在人的发展中的作用，并且探索出一种具体的方法，让教师意识到原来音乐课可以这样教，让管理者意识到音乐的力量竟然如此强大。学科整合的尝试，让安德莉亚备受肯定。格拉尼特福尔斯学区的学监乔尔·萨伍特对此大加赞赏：

安德莉亚·彼得森的音乐教学计划不是基础教育项目的补充，而是基础教育不可或缺的组成部分。她将"全州基本学习要求"融入教学之中，使各年级的音乐教育成果与核心课程相关。有些人认为让一名音乐教师获得美国年度教师的荣誉异乎寻常，然而她的当选确实很有意义。

让安德莉亚感到自豪的是，在她的课堂上，学生不仅在音乐上获得教益，也在其他学科上取得进步；不仅在课堂上收获知识，也在课堂之外得到发展。

激发学生的潜能

"跨学科教学是提高学生学习效率的最有效的方法之一，这是有研究证明的。"安德莉亚肯定地说，她也亲眼见证了这种方法如何激发出学生的潜能。

安德莉亚的一个跨学科教学项目，就是为《波特莱尔大遇险》(*Series of Unfortunate Events*)①这个故事中的一个片段创作一首歌曲，以便让学生进行表演。故事的主人翁桑尼是一个两岁的小孩，有着严重的咬人的毛病。安德

---

① 这是系列畅销童书，共 13 本，作者为美国著名作家雷蒙·斯尼奇。书中，波特莱尔家的三姐弟（维尔莱特、克劳斯、桑尼）因父母不幸意外身亡，而获得一笔可观的遗产，却因此被坏人设下种种阴谋进行陷害，开始遇上种种可怕的事。此系列童书盘踞畅销童书排行榜长达 600 多周，在全球卖出了 2700 多万册，深受广大读者的好评。

莉亚想从桑尼的角度切入，表现这个爱咬人、有暴力倾向的两岁小女孩桑尼的人物特点。不过，在创作的过程中，安德莉亚一度缺乏灵感，无法继续写下去。

"当时，我的创作遇到了瓶颈。"安德莉亚回忆说。在一堂课上，她向学生们倾诉自己遇到的挫折。没想到，一名六年级的女生举起手说："我觉得在这首歌的开始，你应该以非常单纯的风格来表现，让歌曲听起来就像是一个婴儿般安详。接下来，在序曲结束后，就应该尝试用更加有力量的风格给听众带来震撼。"该女生刚一落座，班级就活跃起来，同学们纷纷表达自己的观点。30分钟后，他们已经写好了序曲，其中包含"一闪一闪小星星"的曲调、木琴伴奏和歌词。为了表现桑尼咬人的毛病，学生们在歌曲接下来的部分，用了一段说唱音乐，表现了桑尼相对暴力的一面。

这个教学单元结束时，学生们改编了剧本，为剧情创作了音乐并为社区表演了音乐剧。教学成果的每一个环节都以学生为中心，由学生创作。让安德莉亚感到惊奇的是，学生们在她的指导下，竟然创作了一部长达45分钟的高质量的音乐剧。学生们在社区表演该音乐剧时，观众们的反应也表明这部音乐剧的水准，他们时而因桑尼的可爱乐得哈哈大笑，时而又因桑尼的暴力而扼腕叹息。

和学生一道创作音乐剧的举措，还在于安德莉亚心中始终紧绷着的一根弦——不要灌输出无法消化知识的儿童。安德莉亚认为，教学存在着很大的危险，因为教学有可能灌输出无法独立思考或独立学习的人。很多时候，为了帮助学生加快"学习"的进度，多学习一点"知识"，老师们像给小孩喂饭一样，一点一点不断地向学生灌输内容，而不管这些灌输的内容学生也许在完成即时测验后不久就忘得一干二净。让学生参与到教学中来，学生就会从被动灌输的角色变为主动学习者。于是，安德莉亚在教学中，总会有意无意地退后一步，让学生运用自己的知识来发掘出他们内在的音乐潜能。看到学生最终克服重重困难而取得成功，是安德莉亚教学实践中最值得骄傲的事

情。安德莉亚说："这让我想起瓦尔特·惠特曼的诗——《我听见美国在歌唱》——美国的每个工匠、鞋匠、母亲和孩子／都有一首属于自己的歌。事实上，每个学生也有属于自己的歌，而我的职责就是让所有学生都来唱出属于自己的歌。"安德莉亚由衷地说：

当我看到某位在常规班被淘汰的学生，在我的音乐课堂里获得成功，我觉得这就是我在教育中最引以为豪的成就。这种成功会让学生渴望更高的成就，然后渗透到他们生活的各个方面。当以前的学生对我说"安德莉亚老师，你真的向我展示了怎样去努力工作"时，我觉得这是最好的赞美。我为学生在体育、舞蹈、音乐或任何其他学科上的优异表现而激动不已。我知道，他们对成功的渴望以及获得的成功，有我的一部分功劳。

通过多年的教学经验，安德莉亚对音乐以及音乐教学有了自己的新的认识。她发现，从本质上来说，每个人都是音乐家，只是角色不同，有的可能是表演者，有的可能是作曲家，而有的则可能是音乐倾听者。重要的是，每个人都有参与音乐活动的内在冲动与渴望。而让更多的人走进音乐世界，正是安德莉亚的工作。事实上，在日常的音乐教学中，她经常和学生一道创作音乐剧，并且乐此不疲。在她的教育观念中，这种教学方式不但能为自己寻求更多的教学灵感，而且能在更大程度上激发学生参与音乐的热情，提升学生学习音乐的能力。

学生学习的责任 VS 教师教学的责任

无论对于工作、学习抑或生活，明确责任都是保证质量和提升效能的基本前提。教师责任之于学校教育工作，亦当如此。很多年度教师对教师责任都进行过阐述。和其他年度教师不同，安德莉亚从学生学习的责任这一角度来阐述教师的责任，颇具新意。

安德莉亚指出，对教学专业来说，责任或者说义务是一个极其复杂的话

题，从责任主体进行划分，既有学生的责任，也有教师的责任。作为教师，我们对学生应该履行的责任有清晰的认识，明确要求学生具备以下品质，否则就很难在学习上取得较大的突破：

A. 意识到自己在知识上存在不足；

B. 在内心深处渴望进步，动机强烈；

C. 在前行的路途中，有合适的榜样；

D. 为了实现奋斗目标，亲自制订出具体的计划。

在安德莉亚看来，教师要想在自己的教学中取得好的成绩、履行好自己的教学责任，也需要满足上述四点。不过，安德莉亚也看到了教师和学生在履行责任时的具体情况有所不同。相较而言，教师没有升学、考试等方面紧迫的压力，因而很难意识到自己在知识和教学上的"短板"。如果没有校长的例行检查等外在驱动，没有主动反思、分析自己教学的意识等内部驱动（比如课后察看自己的教学录像、牢记学生的个体差异等），很多教师往往只能原地踏步。因此，安德莉亚认为教师要经常反思、检讨自己的教学，发现自己教学上的不足。

接下来，安德莉亚指出，如果教师在教学上的弱点被揭示出来，我们就需要找到一个"好的教学"的可资研究、借鉴和模仿的榜样。选择什么样的榜样，至关重要。安德莉亚通过多年的教学经历，发现对于努力改进教学状况而苦苦"挣扎"的教师而言，教学经验丰富的老教师的帮助和指导就显得非常可贵，是最合适的榜样。[①]2002 年，安德莉亚成为华盛顿首位获得全

---

① 在我国，类似的制度架构比较普遍，包括师徒制、教研组、备课组等。比如教研组在促进教师专业发展上具有天然的优势，在更新教师的教育观念、提升教师的教学水平以及促进教师的不断反思等方面，都有着不可替代的作用。有人甚至说，教研组不但是教师专业能力精进的舞台，还是教师形成专业归属感与学科崇拜的发源地。参见：林岚，汪明帅.教师专业发展背景下的学校教研组改进构想——兼论同伴互导对教研组的启示 [J].教育科学研究，2009(8).

美专业教学标准委员会（National Board for Professional Teaching Standards, NBPTS[①]）认证的初级阶段和中等阶段的儿童音乐教学的教师。在那个时候，安德莉亚意识到自己有责任帮助其他教师，共同提升教学的专业水平。后来，安德莉亚成为新手教师的导师，阅读他们的教学传记，和他们一道工作，帮助新手教师改进教学。安德莉亚十分享受"导师"的角色，并认为自己可以从新手教师那里学到很多东西。

在经验丰富的老教师的指导和帮助下，新手教师就可以针对自己教学的现状，设计出改进教学的具体计划。通过这种方式制订的改进教学的计划，目标就会更明确，也更有针对性。安德莉亚说，新手教师必须参与到制订改进教学的计划中来，以便这个计划是真正基于该教师的，能真正提升教师的教学水平。

当然，新手教师还需要喜欢教学这个职业，有强烈的动机，渴望不断改进自己的教学。其中，安德莉亚尤为看重教师对职业的认同感。她明确指出，如果新手教师对教师职业的认同感不强，没有强烈的进取心，那么，该新手教师就应该考虑离开教师这一行，另谋职业了，否则就是对学生最大的不负责任，也包括对自己。安德莉亚在工作过程中，看过不少类似的例子，很多新手教师抱着试试看的心态，而没有想到自己的"试试看"对学生和自己造成的后果。

---

① 该委员会自 1987 年成立以来，旨在积极推进全美优秀教师认定和相关的教育改革以提高教师专业化水平。关于优秀教师认定的标准，该委员会提出了"五项核心主张"——教师对学生及教学承担责任；教师熟悉所教科目内容并知道如何把学科内容教给学生；教师有责任管理和组织学生学习；教师能系统地对教育实践进行思考，并从经验中学习；教师是学习共同体的成员。以此为标准，其评估流程包括学校本位模式和评价中心模式两个阶段，前者是申请者在任教学校中完成规定的档案评价，后者在评价中心实施。参见：袁锐锷，易轶. 试析 NBPTS 优秀教师认定的标准和程序 [J]. 比较教育研究，2004(12).

卓 越 之 道

重视诱变事件

我们认为，促进教师专业发展的相关活动本质上是一种教育服务，而服务品质是消费者对服务的"期望"与"实际感受到"服务之过程的比较。可见，"活动"的目的在于促成教师学习的发生和实践的改变。因此，要确保"活动"的有效性，就不能停留在理论研究者和活动组织者的解读上来考虑如何科学地"活动"以确保其效果，而应从"活动"的参与者——教师的角度来审视"活动"的应然与实然。

在奥尔森看来，学习和知识的构建发生在主客观互动之中，背景环境之于主体而言具有客观性，但这种客观性并非意味着它对于任何主体来说都是一成不变的，同样的现实和同样的知识对于不同的人们来说，会具有部分相同和部分不同的意义。历史、文化或社会因素对于任何一个个体来说都从不缺席，但它们同时又是存在于每个个体的特定的主观意义版本之中的。[1] 古德莱德结合他所理解的成人学习的特点，提出了六项给教师教育者的建议，其中就包括尊重教师的个人需要、教师都看重自己经验的价值这些要素。[2] 古得森则明确指出，教师的行动与个人过去的生活历史密不可分，教师过去所发生的一切生活历史内容，都会慢慢发展成为足以支配教师日后思考与行动的"影响史"，对教师后续的经验选择与重组具有重要的影响。[3] 教师对教育教学都有一套自己的观念，虽然有些观念已经陈旧，甚至与正常的轨道发生偏离，但由于教师习以为常，因此无法对其进行反思、检讨、澄清和更

---

① 孙玖璐. 成人、生活史：一个终身学习的研究视角——奥尔森教授成人学习研究综述 [J]. 教育发展研究，2005(7).

② 王建军. 课程变革与教师专业发展 [M]. 成都：四川教育出版社，2004.

③ Goodson, I. Studying the teacher's life and work[J]. *Teaching and Teacher Education*,1994(10):29-37.

新。如果不是有意识地去揭示它，支配教师教学行为的教育教学观念就无法受到触动。从教师的生活经历入手，反思教师惯常的教育教学观念，反省对教师教育教学产生重大影响的事件、经历、人物等，便成了促进专业发展的一种方式。这种回溯可以给教师打开一扇"重新认识自己的窗"，使他们更加深刻地认识到自身教育特点的来龙去脉，以便调整自己的教育教学行为，寻求专业发展上的突破。因此，要让教师"学"得好，一定要从教师出发，考虑到教师成人学习的特性，从生活经历找寻教师专业发展的秘密。

值得注意的是，教师并非都能从生活经历的时时、事事中发现对自身专业发展的启迪，而只有专业生活中的特定事件，由于某种因缘际会，其中隐含着的深刻的教育教学意义被教师分析和挖掘出来，对教师产生强烈的触动，对教师的专业发展才会产生重大影响。这就是教师专业发展中的"诱变事件"。

教师专业发展中的"诱变事件"，建立在教师相关的实践或认识基础之上，让教师有与以往不同的感受和认识，最终促使教师有行为改变的冲动或者行为改变。也就是说，教师专业发展中的"诱变事件"是指在教师专业发展的过程中，某次让教师记忆犹新的公开课，某个对教师的成长给予具体帮助和支持的人，某次给教师带来积极体验的阅读，这些体验或认识给教师带来了"不一样"的感受和体悟，常常都能促使教师产生"关键性一跃"，或幡然悔悟，或柳暗花明，或水到渠成，或潜滋暗长。事实上，很多教师在各自的发展历程中，都经历过程度、形态不一的"诱变事件"，因为这些"诱变事件"，激发了他们努力向上的决心和信心，让他们对自己提出了更高的要求，体会到了成功的愉悦，于是收获了第二次、第三次，乃至很多次成功，由此逐步成长起来。

对于教师专业发展中的"诱变事件"，以及抓住这些"诱变事件"，让其促进自己的专业提升，安德莉亚有深刻的体会。正如上述所言，在她成为教师的过程中，父亲俨然就是一位"关键性人物"。作为教育战线的一名"老

兵"，父亲对工作的奉献精神感染了安德莉亚。事实上，在安德莉亚专业成长的过程中，有着许多类似的"诱变事件"。

2001年4月，安德莉亚通过全美教学专业标准委员会NBPTS的认证成为优秀教师，这一事件在安德莉亚的专业发展中具有里程碑的意义，是一起重要的"诱变事件"。

对安德莉亚来说，重要的不是通过论证，而是论证过程让其有机会对自己的教学进行反思，并做出了改进。在准备论证的过程中，按照委员会的要求，安德莉亚需要提交基于教学的档案袋。这一举措让安德莉亚有了重新梳理自己教学的冲动。在接下来整整一年的时间里，安德莉亚整理出了自己的教学档案，这可比委员会要求提供的档案袋复杂得多、丰富得多，也更有针对性。安德莉亚不但需要说清楚自己在教室里做了些什么，更要说出这样做的理由。这种对教学进行整理和反思的过程，让安德莉亚对教学有了深层次的思考和认识。例如，她对音乐教学评估有了新的认识，意识到有音乐表现才能、能够演奏音乐并不是评估学生音乐素养的唯一标准，需要拓宽对音乐素养的理解。在后来的教学过程中，安德莉亚开始运用形式多样、维度多元的评估来评定学生的音乐素养。通过这种做法，安德莉亚改进了自己的教学，也消除了对学生的偏见。安德莉亚感慨地说：

在这样系统反思自己的教学之前，我以为我已经做得够好，很多方面都无可挑剔。然而，经过这一过程，我知道自己的教学还有不少盲区，存在许多自以为是的地方，我也找到了改进的方向。这些对我教学的提升都是实实在在的好处。如今，可以从我学生的音乐素养中看到我努力的结果。他们读谱、谱曲、演奏，都保持了高水平。实际上，他们除了在音乐上收获了自信外，这种自信还被迁移到其他方面，让学生全面成长起来。

结合安德莉亚的成长经历，基于"诱变事件的卓越之道"关键要注重以下三个方面。

首先，重视教师已有的实践基础。"诱变事件"之所以对教师专业发展产生重要作用，主要是因为这种"诱变事件"能够触动、激活或调动教师以往相关经历，不同时间段的经历交织在一起而产生"化学"反应。在教师个人生活中，某些不同寻常的经历，如果能够引起教师的警觉，那么这种警觉就为教师后续吸纳相关类似的经历提供了一种可能。当相关的经历出现后，就会对以往的经历产生冲击和触动，加深或者修正以往的认识，形成新的、相较而言更为坚定的认识，从而引发行为改变。因此，要发挥"诱变事件"对教师专业发展的积极作用，首先需要重视教师已有的实践基础。关注"诱变事件"的教师专业发展决定了它与教师的教学行动和日常生活是密不可分的，这就需要将教师学习植根于教师个体的日常生活之中。

其次，创造遭遇，让教师有与以往不同的认识和感受。遭遇是少数重大的特定的经验，它是一种非连续的形式，往往以粗暴的方式突然地中断人们通常是连续性的生活过程，使之转向一个新的方向，因此遭遇过程对人的自我成长具有决定性的意义。如果教师对发生的事件曾经经历过，而且有深刻的感触，那么就会促使教师从各个方面去澄清自己的认识，对事件进行深入的剖析，深刻的反思。也就是说，某件事情、某个人物或者某些知识能否成为教师专业发展过程中的"诱变事件"，其决定因素在于由其所引发的教师对该事件、人物或知识进行的深入剖析、自我澄清、认真反思。教师专业成长过程中的"诱变事件"融入了教师的深刻体验，对教师的心理触动很大，容易引发教师的判断、整合、修正等心理加工行为。这是一种思维渐变的过程，需要契机，需要有高峰体验。因此，重视"诱变事件"之于教师专业发展的意义，就需要创造际遇，让教师对"诱变事件"中所隐含的深刻的教育教学意义进行分析和挖掘，从而让教师获得心灵的成长。如果祈求教师教育能产生一种"一语惊醒梦中人"的震撼效果，那么，触及教师心灵深处的"遭遇"是必不可少的。

再次，促使教师产生行为改变的冲动乃至促使行为改变。对教师而言，教师专业发展的关键在于"观念的诞生以及践行"。因此，教师教育者或者相关培训人员要想让"诱变事件"达到促进教师发展的目的，最终要落实到教师的新观念的诞生以及将新观念落实到自己的教育教学当中。这种行为改变就是"诱变事件"促进教师专业发展的最终落脚点，否则，教师教育者的方案再完美，但是没有引起教师行为的改变，也达不到促进教师专业发展的目的。

附录：奥巴马政府的教师政策

　　教师政策是"教育政策和人力资源政策的一部分，是政党、政府等政治实体在一定历史时期，为了实现一定的教育和人力资源目标任务而协调教师内外关系所规定的行为依据和准则，其政策表述形式主要有法律、法规、规章、政策性文件以及口头声明"[1]。面对 21 世纪日益激烈的综合国力竞争，世界各国无不意识到教师在整个教育发展中的重要作用，纷纷制定各项教师政策，加强中小学教师队伍建设。奥巴马自上任以来，就对教育表现出强烈的关注，并且深知教育改革的成败、改革措施的创新与否都取决于教师，因而出台了一系列教师改革举措，着力打造优秀的师资队伍。那么，奥巴马政府的教师政策主要内容是怎样的？我们可以从哪些角度审视与评论奥巴马政府的教师政策？这些教师政策对我国的启示有哪些？基于此，本研究主要通过内容分析法，以奥巴马在历届美国年度教师颁奖典礼上的演讲为研究对象，尝试对上述问题做出解答。

一、研究设计

（一）研究对象

　　本研究以奥巴马在历届美国年度教师颁奖典礼上的演讲为分析对象，主要基于以下两点考虑。

1. 教师政策是奥巴马政府重点关注的对象

在美国，近半个世纪以来，关注教育日益成为美国总统的一个醒目的标签，奥巴马总统也不例外。在初次竞选期间阐述其教育主张时他就这样说道："在信息时代，教育的成功不再是个体取得成功的途径，而是走向成功的先决条件。"[2] 上任之初，奥巴马发表《美国教育的完成与竞争》的演讲，把教育改革的重点放在学前教育、学校制度创新、教师政策等领域。就教师政策而言，奥巴马特别强调了教师的重要性，他说："从学生进入学校的一刻起，他们能否获得成功的决定因素，不是他们的肤色或者他们父母的收入水平，而是站在讲台上的教师……美国的未来取决于教师。"[3] 有研究者明确指出："支持强有力的教师队伍建设成为奥巴马政府优先考虑的教育改革之一，提高教师效率也成为奥巴马政府教育政策的四大支柱之一。"[4] 可以说，教师政策是奥巴马政府教育政策的重要组成部分，研究奥巴马总统的教师政策，具有相当的典型性。

2. 美国年度教师是美国最具代表性的卓越教师群体

美国年度教师评选是美国历史最悠久、声望最高的优秀教师评选，评选委员会由美国 15 个最大的全国性教育机构的代表组成，每年只有一名教师从 560 万教师中脱颖而出。不得不说，这些教师代表着美国教师的高水准，无疑是美国最具代表性的卓越教师群体。正如 CCSSO 的执行董事吉恩·威尔霍伊特说："CCSSO 支持并致力于建立一个适应 21 世纪的以学生为中心的协作的教育者发展系统，很高兴看到，我们的全国年度教师体现了我们的价值观和工作方向。在他们身上，隐藏着做教师的真谛与美国教育的秘密。"[5] 考虑到演讲是奥巴马身上一个极具特色的标签，从奥巴马在美国年度教师颁奖典礼上的演说这一角度分析教师政策，便具有极强的代表性。

（二）研究方法

本研究通过内容分析法对奥巴马在历届美国年度教师颁奖典礼上的演讲进行分析。内容分析法主要通过将可以交流的各种类型的文本（诸如报刊

文章、访谈记录、图片内容、电视节目、回忆录等）划分为特定类目以及分析单元，计算每类内容元素出现的频率，描述出明显的内容特征。这一方法的一大特点在于"是一种对各种信息传播形式的明显内容进行客观、系统和定量的描述与分析的研究方法"[6]。由于内容分析法能用于研究任何文献或有记录的交流事件，其应用领域不断拓展，目前在新闻传播学、社会文化研究、政治学、教育学、军事学、图书情报领域都得到广泛应用。[7] 可以说，通过这一兼顾定量分析和定性分析的内容分析法，我们可以对奥巴马政府的教师政策进行更清晰、更深入的分析。

内容分析法通常有四个关键的步骤：分析样本的选择、分析类目的确定、分析数据的处理以及信效度的考量，本研究即以此展开。

1. 分析样本的选择

选择分析样本是内容分析法的基础。每年 5 月左右总有一天，是美国人隆重表彰和奖励美国年度教师的日子。在这一天，美国总统会亲自在白宫玫瑰园大草坪上给这位经过层层筛选出来的"美国年度教师"颁发象征好教师的"水晶苹果"奖杯。奥巴马自 2009 年上任以来，到 2015 年为止，一共有七位教师获得美国年度教师殊荣，相应地，奥巴马也发表了七篇演讲，如表 1 所示。这七篇演讲就是本研究的分析样本。

表 1　奥巴马发表的美国年度教师颁奖演讲一览

时间	演讲主题	当届美国年度教师	任教科目	所在州
2009	为了那些迷途少年 [8]	安东尼·马伦	特殊教育	康涅狄格州
2010	教育孩子是我们所有人都应承担的责任 [9]	萨拉·布朗·韦斯林	英语	爱荷华州
2011	教育不是灌满一桶水，而是点燃一把火 [10]	米歇尔·希勒	化学	马里兰州
2012	是你们，让美国梦不断延续 [11]	瑞贝卡·莲·米勒沃基	英语	加利福尼亚州

时间	演讲主题	当届美国年度教师	任教科目	所在州
2013	让学生认识到自己无限的潜能 [12]	杰夫·夏邦诺	科学	华盛顿州
2014	在孩子内心的"黑板"上写上爱与支持 [13]	肖恩·麦考	英语	马里兰州
2015	我们的未来正在教室里孕育 [14]	莎娜·皮普尔斯	英语	德克萨斯州

注：奥巴马每次演说，都会重点突出当届美国年度教师，并对当届美国年度教师的特点进行提炼。本研究以此作为奥巴马的"演说主题"。

2. 分析类目的确定

在资料分析过程中，通过对奥巴马演讲进行反复阅读比较，并综合已有关于教师政策的文献，逐步归纳出"教师的作用"、"教师的可贵品质"、"教师政策的改进方向"三个方面，为本研究类目的确定提供了框架。

3. 分析数据的处理

在编码的过程中，本研究首先以确定文本中的句子为最小的基本分析单元，作为编码频数统计的实际计算对象，若某段话包含的句子表达意思相同，则记为一句。通过文本整理，共收集了128条与"教师的作用"相关的句子或段落，89条与"教师的可贵品质"相关的句子或段落，77条与"教师政策的改进方向"相关的句子或段落。

在整理"教师的作用"的文本资料时，本研究首先将128条奥巴马总统对教师定位的句子或段落提炼为相应的短语，如"你们保障了美国的成功，重要性无法言喻"提炼为"保障美国成功"。以此类推，共提炼出"保障美国成功""关乎美国命运""发现学生潜能""关心学生""教师指导""社区服务""家庭支持"等若干主题。为了突出奥巴马论述"教师的作用"的核心要素，本研究根据每个主题所占的数量和内容，进一步归纳，将上述若干主题合并为"关乎国家的命运"、"关乎学生的成长"和"教室之外的服务"

三个子类。"教师的可贵品质"和"教师政策的改进方向"的处理同上。

4.信度与效度分析

为了保证研究的信度与效度，研究者主要做了这样几个工作：（1）将奥巴马的7篇演讲进行全文翻译，并请专业人员予以校对，保证翻译的质量；（2）系统收集与此对应的7届美国年度教师信息，为清晰理解奥巴马的演讲提供背景信息；（3）建立分析类目和编码环节，请三位不同的专业人员各自编码，进行交流，达成共识。

二、结果分析

如上所述，结果分析主要从"教师的作用"、"教师的可贵品质"以及"教师政策的改进方向"三个方面展开。

（一）教师的作用

教师的作用是教师政策的重要方面。在演讲中，奥巴马主要从"关乎国家的命运"、"关乎学生的成长"以及"教室之外的服务"这三个方面论述了教师的作用，具体信息如表2所示：

表2　有关"教师的作用"频数分布表和典型例句

类　目	频　数	百分比	例　句
教师的作用	128		
关乎国家的命运	23	18%	你们保障了美国的成功，重要性无法言喻。
关乎学生的成长	89	70%	我至今仍然记得那些优秀的教师，是他们帮助我成为了今天的我，替我打开了世界的大门，让我感受到或许我也能有所贡献，发现了我身上连自己也还未发现的才能。
教室之外的服务	16	12%	在同事眼中，她是上帝的恩赐。

1. "关乎国家的命运"：从国家发展的层面彰显教师的重要性

在历次演讲中，奥巴马有23次从国家发展层面彰显教师的重要性，指出正是由于有美国年度教师这样的教师给学生提供优质教育，美国才能在新的世纪继续保持领先地位。很多时候，奥巴马都会以"你们保障了美国的成功，重要性无法言喻"、"感谢你们为我们国家所做的贡献"、"让我们的国家迈向更好的未来"、"在国家的发展中占据着举足轻重的地位"、"我们的老师是我们国家成功的关键"等语句从国家的高度对教师的作用予以肯定。

强调教师的重要性，其实质是对教育的重要性的强调。在历次演讲中，奥巴马也多次表达了教育之于国家的重要意义。例如，在2010年美国年度教师颁奖典礼的演讲中，奥巴马引用肯尼迪总统的话："就像肯尼迪总统曾经说过的，教育的发展不能落后于国家的发展……人的思想是我们的根本资源。我们一直将所有资源和责任都托付给你们。"也许正是因为如此，在历次演讲的开头部分，奥巴马无一例外地表达了对教育和教师最有力的支持者——教育部长阿恩·邓肯（Arne Duncan）——由衷的感谢。

2. "关乎学生的成长"：从学生成长的立场凸显教师的重要性

纵观这七次演讲，"学生成长"无疑是奥巴马总统最为关注的方面。在这七次演讲中，奥巴马有89次从学生成长的立场凸显教师的重要性，占了近70%。

在奥巴马的演讲中，充满爱心与智慧的教师，指引着学生前进。在2009年美国年度教师颁奖典礼的演讲中，奥巴马这样说道："我们每个人的生命中都会遇到像托尼这样有爱心与智慧的人——当我们最需要的时候，他们就在那儿等待我们，帮助我们。当我们担心、害怕的时候，这些人推动我们前进；当我们朝着一个错误的方向前进的时候，他们把我们拉回来；他们拒绝放弃我们，不管我们有多么麻烦。"

在奥巴马看来，作为学生成长的引路人，教师关乎学生成长的诸多方面。在2014年美国年度教师颁奖典礼的演讲中，奥巴马引用了一个学生家

长的话，指出当届美国年度教师肖恩除了关心学生的成绩，还关切学生的心理健康："一个学生的家长为他写的推荐信中描述道——（我的女儿）在校期间经历了典型的青春期困境，有时令她对学校和生活本身感到沮丧。我向肖恩求助，希望让她重整旗鼓。不管他的日程多么繁忙，只要知道某个学生需要帮助，无论是想要借个肩膀哭泣还是需要一句鼓励的话语，他总会陪着他们，帮助他们。"

奥巴马相信，正是因为教师的存在，学生才能成为有用的人。在2015年美国年度教师颁奖典礼的演讲中，奥巴马说："由于有这样一批教师存在，我们的教室里有正在学习怎样处理疑难杂症的未来医生，有正在钻研兰斯顿·休斯（被誉为'黑人民族的桂冠诗人'）和艾米莉·狄金森（被视为20世纪现代主义诗歌的先驱之一）的未来诗人，有正在学习运用显微镜和电路板的未来科学家，还有未来的企业家、未来的领导人，等等。"

特别值得一提的是，为了从学生成长的立场凸显教师的重要性，奥巴马多次用亲身经历作为证据，进而推己及人。在2009年美国年度教师颁奖典礼的演讲中，奥巴马这样说道："米歇尔和我家庭背景并不好，我们之所以能站在这儿，唯一的原因是在一些关键时刻，有像安东尼这样的教师出现，他们把我们引向了正确的方向。"2011年，奥巴马的小学老师梅布尔·赫夫蒂（Mabel Hefty）也出席了颁奖仪式。借此机会，奥巴马深情地表达了对梅布尔老师的感激之情："我是一个在海外生活了几年并有一个无人能读出来的有点奇怪名字的新转学的孩子，当我第一次走进赫夫蒂女士的课堂时，她没有让我变成沉默寡言的人。她让我相信我有一些特殊的东西和事情要说出来，她让我感到自己很特别。她让我有移情和深思熟虑的品质，这些品质至今仍陪伴着我。"

3."教室之外的服务"：从超出教室服务的角度强调教师的重要性

在奥巴马看来，教师的作用不止于体现在关乎国家命运，也不止于体现在关乎学生成长，还体现在他们对教室之外的服务上，包括指导新手教师、参与社区服务、做志愿者、帮助学生家长等方面。

在 2009 年、2010 年、2015 年美国年度教师颁奖典礼的演讲中，奥巴马都提及了美国年度教师在指导新手教师方面的贡献。以 2015 年为例，奥巴马这样称赞当届美国年度教师莎娜："作为学校的教学督导和学区的阅读素养导师，莎娜帮助其他教师学习怎样更好地阅读和写作。在同事眼中，她是上帝的恩赐。她的校长说：'一位教师告诉我，在他意志消沉的时候，是莎娜老师鼓励了他。'"在 2012 年美国年度教师颁奖典礼的演讲中，奥巴马特别提及新一任美国年度教师瑞贝卡在帮助学生家长时所做的努力："瑞贝卡知道教育也是一种始于家庭的责任。因此，她举办'家庭之夜'，让家长参与到孩子的教育中来。她每周都给学生家长发备忘录，以便让他们知道自己的孩子在学校里都做了什么，以及即将做什么。她为班级创建了一个脸谱页面，在这上面学生家长能够随时得到最新的信息。"可以说，奥巴马的演讲让我们深刻地认识到，教室里的表现当然是教师重要性的体现，而教室之外的服务也证明了教师的独特价值。

（二）教师的可贵品质

在演讲中，奥巴马主要从"奉献精神""教育艺术"以及"追求公平"这三个方面论述了教师的可贵之处，如表 3 所示：

表 3　有关"教师的可贵品质"频数分布表和典型例句

类　目	频　数	百分比	例　句
教师的可贵品质	89		
奉献精神	32	32.6%	甚至学生上了大学以后，在需要一点建议时还会回头向你们求助。
教育艺术	45	50.5%	即便学生不讲，你们也能看出他们有心事。
追求公平	12	16.9%	在莎娜的教导下，学生会发现他们的经历并没有那么奇怪——无论是来自埃塞俄比亚的难民，还是一直生活在德克萨斯州，他们没有那么与众不同，他们并不孤单。

1. 无私奉献

在奥巴马的演讲中，教师的可贵品质的一个方面就是无私奉献。奥巴马通过讲述自身经历不仅表达了教师在学生成长中扮演的不可替代的角色，也多次阐述教师无私奉献的品质。在 2009 年的演讲中，奥巴马就这样说道："我的妹妹玛娅，也是一位老师。我们知道老师们是多么辛勤地工作。你们在学校里工作直到放学铃声响起；你们熬夜批改作业、备课……"

2012 年 12 月 14 日，美国康涅狄格州菲尔德县纽顿镇桑迪·胡克小学（Sandy Hook Elementary School）发生枪击案，造成 28 人丧生，包括 20 名学生和 6 名教师。在接下来 2013 年美国年度教师颁奖典礼的演讲中，奥巴马特意提及此事，并向教师们表达了由衷的敬意：几个月前，我们再一次见证了教师对学生的承诺和深切的爱——六名教师就像保护着自己的孩子一样为了保护自己的学生而被杀害。

奥巴马还特别重视教师奉献精神的传承。2015 年美国年度教师莎娜在读书的时候，由于家庭暴力等原因，遭遇过一段灰暗的时光。这时候，她的老师贝尔顿通过各种帮助，让她认识到在充斥着暴力的家庭之外的新世界。奥巴马如是说："薪火相传，今天，莎娜将从自己老师那里得到的教诲传递给自己的学生，让自己的学生也认识到写作和书籍的重要性。"

2. 教育艺术

美国年度教师作为美国卓越教师的典范，他们无疑都拥有高超的教育艺术。奥巴马在演讲中有 45 次从教育艺术的角度称颂教师的可贵品质，超过了 50%。

在奥巴马看来，指导学生无疑是教育艺术最重要的方面。在 2010 年美国年度教师颁奖典礼的演讲中，奥巴马针对当届美国年度教师萨拉指导学生所展现的教育艺术予以赞扬："在她的申请书中，萨拉动情地叙述了她的几个学生的惊人变化，并写出了自己转化一名学生时的心路历程：将提问的内容从'是什么'（what）转变为'为什么'（why），从'为什么'发展为'为

什么不'（why not），再从'为什么不'深入到'如果……将会怎样……'（what...if）。"事实上，在这番话说出之前，奥巴马就埋下伏笔，借萨拉学生的口来印证这番话："她的一个学生报告说，'在萨拉的课上，她组织的每场讨论都富有成效，她的每次评价都重点突出，她安排的每次活动都丰富有趣'。"

奥巴马在演讲中，也特别强调了教师在提升学生考试成绩中的作用。在2014年美国年度教师颁奖典礼的演讲中，奥巴马这样夸奖当届美国年度教师肖恩："今天，在巴尔的摩的帕塔普斯科高中和艺术中心，肖恩所教的是大学先修项目'个人意志进阶'（AVID）。在之前的两届 AVID 项目的毕业班中，98% 的学生被四年制大学录取，而且他们所获的奖学金比其他所有毕业班学生加起来还要多。"2015 年，奥巴马也特意提及美国年度教师莎娜在帮助学生提升考试成绩中的作用："从 5 年前莎娜到帕罗·杜洛高中执教起，杜洛高中参加大学先修课英语Ⅲ考试的人数就翻了倍；今年，30 名学生正在参加难度更大的大学先修课英语Ⅳ考试，而在莎娜到来之前，这个数字为零。"

3. 追求公平

奥巴马还尤为重视教师在致力于教育公平中的作用。在奥巴马的演讲中，教师们致力于追求教育公平，可以表现在诸多方面。从大的方面来说，在薄弱学校任教、关心弱势群体，就是致力于教育公平；在小的方面，重视每一个学生，也是致力于教育公平的表现。

2015 年美国年度教师莎娜来自德克萨斯州北部城市阿马里洛的杜洛高中，学校生源背景十分多元，学生中难民人口众多。奥巴马高度赞扬莎娜："莎娜在阿马里洛的杜洛高中教英语。她的许多学生面临着巨大的压力，有的压力甚至能够压垮成年人，更不用说他们还是孩子。她的学生当中，大约有 85% 的学生被认为是经济困难者，大部分孩子是来自伊拉克和索马里等地区的难民，还有不少学生遭遇过伤害和暴力，承受着超出一个孩子应该承受的压力。诸多问题有时候也让学校无能为力，但是莎娜的教室为他们提供了一个安全的港湾。在莎娜的教室里，这些学生得到了保护和信任。莎娜还

为他们制定了较高的目标，并对他们能够实现目标深信不疑。"

（三）教师政策的改进方向

由于"二战"后婴儿潮出生的教师将迎来退休高峰，据美国联邦教育部统计，当前在美国有100万个教学岗位出现空缺。但众所周知，在经济合作与发展组织（OECD）业已开展的国际教育比较研究中，美国教师职业地位在OECD成员国中多年来一直处于中等偏下位置。特别是2002年实施《不让一个孩子掉队》（No Child Left Behind）法案以来，教师工作压力增加，职业要求提高，待遇却没有明显改善。值此退休高峰，教师短缺问题更是雪上加霜。如何解决这一问题并不断提升教师品质，是摆在奥巴马面前的难题，也是奥巴马政府教师政策的努力方向。根据奥巴马的演讲，这些努力主要体现在提升教师待遇和缓解教师压力这两个方面，具体内容如表4所示：

表4　有关"教师政策的改进方向"频数分布表和典型例句

类　目	频　数	百分比	例　句
教师政策的改进方向	63		
提升教师待遇	28	44.4%	你们通常付出了许多，却并未得到相应的回报。
促进教师发展	35	55.6%	教学是一个专业，教学应该被当成专业来对待。

1.提升教师待遇

奥巴马多次表示，教师付出太多，但往往没有得到应该得到的认可，并表示要竭尽所能提升教师待遇。

2012年，当届美国年度教师瑞贝卡在申请材料中提及当前教师的生存现状，并以所在的加利福尼亚州为例，指出由于教育经费被大幅削减给教师们带来的极大挑战。针对这一情况，奥巴马在颁奖典礼的演讲中，对此现

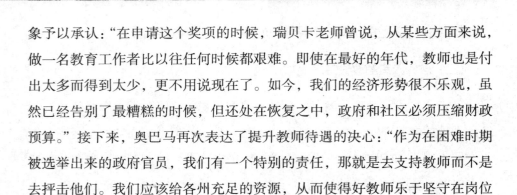

象予以承认："在申请这个奖项的时候，瑞贝卡老师曾说，从某些方面来说，做一名教育工作者比以往任何时候都艰难。即使在最好的年代，教师也是付出太多而得到太少，更不用说现在了。如今，我们的经济形势很不乐观，虽然已经告别了最糟糕的时候，但还处在恢复之中，政府和社区必须压缩财政预算。"接下来，奥巴马再次表达了提升教师待遇的决心："作为在困难时期被选举出来的政府官员，我们有一个特别的责任，那就是去支持教师而不是去抨击他们。我们应该给各州充足的资源，从而使得好教师乐于坚守在岗位上，并奖励那些卓越的教师。"

2. 促进教师发展

除了提升教师待遇之外，奥巴马还尤为关注从根本上促进教师专业发展，他坦言"如果我们真的相信教师的重要性，那么我们就得帮助他们成为更高效的教育者"。在历次演讲中，奥巴马都会指出政府以及总统本人为了促进教师发展所做出的努力。通过演讲，我们可以发现，为了促进教师发展，奥巴马政府所做的努力涉及从教师培养到教师培训、从教师招聘到教师评估、从教育投入到教师奖励等方方面面。

给予教师应有的尊重，是奥巴马经常提及的方面。在 2013 年美国年度教师颁奖典礼的演讲中，奥巴马说："其余我们能够做的是，给这些教师应有的尊重——这是我们亏欠他们的。教学是一个专业，教学应该被当成专业来对待。""我只是想对所有人说，虽然这个奖励（即：美国年度教师奖）微不足道，但我希望仍能保持下去。因为我从来没有想让教师在预算削减的这段时间里，以及当学校里的太多问题摆在他们面前的时候感到沮丧。"

在奥巴马的演讲中，促进教师发展，还体现在分担教师的责任方面。奥巴马一直强调教育儿童是全体国民的责任。不要忘记我们所有人都对教育我们的孩子负有责任。在 2010 年美国年度教师颁奖典礼的演讲中，奥巴马这样说道："我们应该明白，我认为这儿的所有老师都会同意我这样一个观点：培养学生不只是老师的责任。我们的老师能够把最好的课计划得很有想象

力，但你们却不能保证你们的学生都做好了学习的准备。"

三、启示与建议

美国年度教师颁奖典礼上的演讲，为我们洞察奥巴马总统的教师政策提供了一个有益的视角。需要注意的是，历史已经无数次表明从政策的出台到政策的执行，是一个不断妥协和博弈的过程。也就是说，教师政策是否都能得到忠实落实，还有待实践的检验。事实上，奥巴马政府教师政策的出台，就是多股力量"博弈"的结果，也存在诸多妥协的方面。因此，我们尤为需要对以下几个问题予以关注。

（一）教师重要性的强调与教师的实际处境

通过上述分析，我们不难发现，奥巴马政府对教师重要性的强调。事实上，奥巴马政府一直致力于提高教师地位。2009 年 3 月，奥巴马在全美拉美裔商会上力推教师绩效工资改革，重申支持以绩效为基础的教师工资制度，并在 2010 年的联邦财政预算中，为绩效工资计划提供 5.17 亿美元的预算。[15] 随后，奥巴马政府又推出了《提升和转变教学专业蓝图》(The Blueprint for Elevating and Transforming the Teaching Profession)，对高需求学校的教师和领导者给予了明显的政策倾斜，例如提高工资待遇、开发职业晋升阶梯、创造更多成功机会等。[16]2012 年 2 月，奥巴马政府又出台了"RESPECT"项目，在教育部长阿恩·邓肯看来，该项目的目标是不仅让教育成为美国最重要的职业，还要把教师打造成最受社会尊重的团体。[17] 可见，奥巴马政府提高教师地位、强调教师重要性的努力从未停止过。不过，一直以来，美国教师的低收入、社会地位不高，直接影响到教师教学质量。奥巴马政府上台伊始，美国正经历着一场自"大萧条"以来最为严重的全球性经济危机。由于经济危机的冲击，导致成千上万的教师面临失业的危险、教师地位不高、

师资短缺现象严重、教师流失率高、教师准备项目总体质量低下等问题。正如有研究所言，"从奥巴马入主白宫的第一天起，历史的重任就压在了他的肩膀上，注定会在历史的书卷中留下浓墨重彩的一笔"[18]。教师的重要性一直得到承认，但教师的实际处境不容乐观也是不争的事实。这可能是一个世界性难题。奥巴马政府关于提高教师地位的相关举措能否真正改善教师的实际处境，还有待进一步观察。

（二）致力于学生全面发展与服务于学生成绩提升

上述分析显示，奥巴马尤为关注教师的奉献精神、教育艺术、教育公平等关键品质，而这些无疑都指向学生全面发展。同时，奥巴马政府对教师在学生成绩提升方面的作用也予以特别强调。

奥巴马上台正值美国经受大萧条之后最为严峻的金融危机之时，奥巴马政府认识到，提高人才培养的质量，促进学生全面发展，是从根本上摆脱金融危机、提升美国经济内在竞争力的根本举措。奥巴马还曾深入到教学这一最微观的层面，向广大教师清楚地宣布自己将采取政策工具来解放近年来被"标准化考试"束缚的学校教育："作为总统，我将与各位州长和全国教师一起开发真正可以提高教育成绩的评价工具，促使学生展开科学的探究，锻炼解决问题的能力，而这才是 21 世纪知识经济时代的激烈竞争所必需的。让学生参加的考试都必须是为了促进学习，而不是为了计算分数。如果我们真想让我们的孩子有朝一日成为伟大的发明家和问题解决者，我们的学校便不能因为考试而遮蔽了创造，我们必须让考试激发创造。"[19] 与此同时，奥巴马也尤为强调教师在致力于学生成绩提升中的作用。不难理解，奥巴马政府的教师政策绕不开复杂的国际背景，近几年国际成绩测验的结果给美国基础教育带来巨大的压力。2009 年和 2012 年三年一度的国际学生评估项目（PISA）公布的全球学业成绩评估结果，继 2006 年后再一次令美国的基础教育受到社会的强烈抨击。美国民众认为，美国的基础教育并没有取得

与国家地位和经费投入相称的成就。这些压力使得奥巴马政府不得不关注学生考试成绩。问题在于，正如全美专业教学标准委员会（NBPTS）发布的一份报告《学生学习，学生成就：教师如何测试？》（Student Learning, Student Achievement: How Do Teachers Measure Up? ）所指出的那样："仅仅依赖于基于标准化测试的学生成就，只能获得有限信息，只有当与学生真正在课堂中的所做所学相比较，学生学习的质量与定义才和评价教师教学的有效性相关。"[20] 因此，如何在致力于学生全面发展与服务于学生成绩提升之间取得平衡，有待进一步关注。

（三）促进教师专业发展与实施教师绩效考核

如何培养更多的优质教师是奥巴马政府教育政策中备受瞩目但也备受争议的一个问题。上任伊始，针对师资严重短缺、师资水平差异很大等情况，奥巴马政府的目标是让"美国的每一间教室都有一位优秀教师"。2010年，奥巴马政府所颁布的《改革蓝图——对〈初等与中等教育法〉的重新授权》法案（A Blueprint for Reform: The Re-authorization of the Elementary and Secondary Education Act）的改革宗旨就是"确保每间教室都有优秀的教师，每所学校都配备有优秀的校长"[21]；2011年，奥巴马政府发布的《教师教育改革与提升计划——我们的未来，我们的教师》（Our Future, Our Teachers: The Obama Administration's Plan for Teacher Education Reform and Improvement），最终目标也是"打造出一支优质的师资队伍"。2014年，诞生于奥巴马第二任期的《全民拥有优秀教育者计划》（Excellent Educators for All Initiative），作为奥巴马政府教育改革的重要拓展和延伸，其目的"旨在帮助各州、各学区为优秀教育工作者提供多方面支持"[22]。除此之外，奥巴马政府还在教师发展和职位晋升方面制定了许多完善及优惠措施，而这些措施同样是为了培养、留住可以实现美好联邦教育理想的优秀教师。与此同时，为了提高教学效能，绩效考核依然是奥巴马政府所采取的手段。布什政府实施的"绩效问责制"，主要从惩罚的角度将教师考核与学生成绩捆绑起来，引起了教师的极大不满，导致了教师不愿教、优秀教师大量流失等问题。相较而言，奥巴马政府《改革蓝图》根据学生的表现对教师进行奖惩的"教师绩效工资制"，以及"尊重项目"中通过提高学生的学习来证明他们的能力的"教师和校长的专业成长建立有效的评价系统"，从一味的惩罚转向了奖励和惩罚并用，但从根本上而言，将学生成绩作为教师考核的关键依据是否可行依然值得推敲。在很多人看来，美国当下的教师评价仍局限于学生成绩，考试导向的非理性问责制像一把高悬在教师头上的利剑，使教师在日常教学中毫无安全可言。

在很多研究看来，衡量教师的绩效责任，不应该只有考试分数一个标准。教师不仅要为学生的考试成绩负责，而且要培养他们的思维习惯，比如创造、革新、问题解决和今后的工作和学习技能。事实上，积极的、能动的教师通常会给自己设定更高标准，而这些往往是考试分数所不能衡量的。奥巴马总统在 2012 年的国情咨文中强调：为优秀教师提供良好的资源，奖励卓越教师；给学校更大的自主权，教师不能为考试而教。[23] 那么，如何在帮助学生准备考试和促进教师专业发展之间寻求平衡，值得反思。

参考文献

[1] 王继平. 合理调整我国教师政策价值取向初探 [J]. 教师教育研究，2005(6).

[2] Darling-Hammond, L. President Obama and Education:the Possibility for Dramatic Improvements in Teaching and Learning [J]. *Harvard Education Review*, 2009, 79(2):210-223.

[3] Barack Obama.Remarks by the president to the Hispanic chamber of commerce on a complete and competitive education[EB/OL]. http://www.whitehouse.gov/the-press-office/remarks-president-united-states-hispanic-chamber-commerce, 2011-11-20.

[4] 王少勇，许世华. 未来十年美国教师教育的改革战略 [J]. 比较教育研究，2012(8):62.

[5] 汪明帅. 来自美国最优秀教师的建议 [M]. 北京：中国青年出版社，2012：前言.

[6] 风笑天. 社会学研究方法 [M]. 北京：中国人民大学出版社，2009:235.

[7] 宋振峰，宋惠兰. 基于内容分析法的特性分析 [J]. 情报科学，2012(7).

[8] Remarks by the President at National and State Teacher of the Year Event [EB/OL]. https://www.whitehouse.gov/the-press-office/remarks-president-national-and-state-teachers-year-event-42809.

[9] President Obama Honors 2010 National Teacher of the Year [EB/OL]. https://www.whitehouse.gov/photos-and-video/video/president-obama-honors-2010-national-teacher-year-transcript.

[10] Remarks by the President Honoring the 2011 National and State Teachers of the Year[EB/OL]. https://www.whitehouse.gov/the-press-office/2011/05/03/remarks-president-honoring-2011-national-and-state-teachers-year.

[11] Remarks by the President at the Presentation of the National Teacher of the Year Award [EB/OL]. https://www.whitehouse.gov/the-press-office/2012/04/24/remarks-president-presentation-national-teacher-year-award.

[12] Remarks by the President at Teacher of the Year Event [EB/OL]. https://www.whitehouse.gov/the-press-office/2013/04/23/remarks-president-teacher-year-event.

[13] Remarks by the President Honoring the 2014 National and State Teacher of the Year [EB/OL]. https://www.whitehouse.gov/the-press-office/2014/05/01/remarks-president-honoring-2014-national-and-state-teachers-year.

[14] Remarks by the President Celebrating the 2015 National Teacher of the Year [EB/OL].https://www.whitehouse.gov/the-press-office/2015/04/29/remarks-president-celebrating-2015-national-teacher-year.

[15] Barack Obama.*Teachers, Performance Pay, and Accountability*[J]. Education Week,2009, 28(32):4.

[16] U. S. Department of Education. A Blueprint for RESPET[EB/OL]. http://www.ed.gov/documents/respect/blueprint-for-respect.pdf, 2013-04-25.

[17] Obama Administration Seeks to Elevate Teaching Profession, Duncan to Launch RESPECT Project: Teacher-Led National Conversation[EB/OL]. http://www.ed.gov/news/press-releases/obama-administration-seeks-elevate-teaching-profession-duncan-launch-respect-pro-2012-02-15.

[18] Martin S. Indyk, Kenneth G. Lieberthal & Michael E. O'Hanlon. *Bending History: Barack Obama's Foreign Policy*[M].Washington, DC: Brookings Institution Press, 2011:1.

[19] Obama, B. What's Possible for Our Children[EB/OL]. http:www.denverpost.com/news/ci_9405199.

[20] NBPTS. Student Learning, Student Achievement: How Do Teachers Measure Up?[EB/OL]. http://www.eric.ed.gov/PDFS/ED517573.pdf.2011-03-04.

[21] Barack Obama. Remarks by the president to the Hispanic chamber of commerce on a complete and competitive education[EB/OL]. http://www.whitehouse.gov/the-press-office/remarks-president-united-states-hispanic-chamber-commerce, 2011-11-20.

[22] 吴路珂. 从公平走向卓越——美国《全民拥有优秀教育者计划》介评 [J]. 比较教育研究，2015(4).

[23] The RESPECT Project Vision Statement[EB/OL]. http://www.ed.gov/teaching/national-conversation.

（本文发表于《上海教育科研》，2016 年第 3 期，略有删改）